Cómo hablar
bien en público

DEMCO

Si está interesado en recibir información sobre libros empresariales, envíe su tarjeta de visita a:

Gestión 2000
Departamento de promoción
Comte Borrell, 241
08029 Barcelona
Tel. 93 410 67 67
Fax 93 410 96 45
e-mail: info@gestion2000.com

Y la recibirá sin compromiso alguno por su parte.

Cómo hablar
bien en público
Comunicar, persuadir y
convencer con palabras

Manuel Couto

© Ediciones Gestión 2000, S.A., Barcelona, 1999.
Primera edición: Noviembre 1996
Segunda edición: Marzo 1999
Diseño: Manuel Couto/ASÍ Disseny Visual
Fotografía autor: Ana Alcón
ISBN: 84.8088.334-0
Depósito legal: B- 8.088 - 1999
Impreso por Romanyà-Valls, S.A; Capellades (Barcelona)
Impreso en España - *Printed in Spain*

A Carmen,
Víctor Manuel y
Adriana,
sin cuyo cariño, ayuda
y apoyo
este libro nunca hubiera
existido.

ÍNDICE

"La gran pregunta es si los neanderthales tenían lenguaje o no"

Paul Mellars, Arqueólogo de la Universidad de Cambridge.

La palabra
aún tiene
la última palabra

Y para empezar:
Un Cuento

Érase una vez, hace mucho tiempo, un rey que tenía una sola hija. Y viendo el monarca llegar el fin de sus días, deseaba buscar un digno sucesor en la corona, así como un buen marido para su adorada princesa.

Para encontrar al nuevo príncipe, el rey quiso hacerlo de la manera más sencilla y sabia; promulgó un bando en el que se convocaba a todos los varones del reino, sin distinción de raza ni clase social. Sólo debían de presentarse en palacio un día determinado y exponerse a la audiencia real.

Como puede imaginar, la noticia ilusionó a miles y miles de jóvenes que se pusieron en marcha para presentarse a tan augusta convocatoria y entre ellos, Filiberto el Bello.

Filiberto era un joven cuyo apodo hacía honor a su presencia: alto, agraciado, rubio, con una educación exquisita y una situación económica envidiable. No obstante era tímido y engreído. Se creía superior a los demás y pasaba mucho tiempo a solas, divagando sobre sí mismo y sin relacionarse con nadie.

Cabalgaba Filiberto el Bello en un blanco corcel camino de palacio, cuya distancia aún era de un día de camino.

Por el sendero se encontró con Juan el Bueno. Era persona normal, de origen humilde pero simpático, agradable y comunicativo.

Juan, con una sonrisa, se acercó a Filiberto y le dijo:

–¡Buenos días, señor! Supongo que vos también acudís a la convocatoria real al igual que yo, ¿os molesta que hagamos el camino juntos?

Filiberto, desde su altivez y sentido de superioridad, mirando a Juan con despecho, asintió. No le hacía falta compañía alguna, pero podría serle útil en caso de verse sorprendido por bandoleros o mendigos, que tanto proliferaban en aquellos tiempos. Por otro lado, su caballo era más veloz y siempre podría huir, dejando a aquel estúpido como carnaza para los bandidos.

Haciendo camino, Juan comentaba a su mudo acompañante sus vivencias, deseos e ilusiones. Estas palabras causaban en Filiberto cierta desazón. Se notaba que aquel imbécil era feliz, con su mundo y con sus ideas. Incluso estaba tentado a seguirlas. Pero él estaba demasiado embutido en sí mismo. Le importaba un bledo su opinión, y no pensaba compartir la suya con aquel plebeyo ni con nadie que no estuviese por lo menos a la altura de su nivel y circunstancias.

Al fin llegó la noche. Era limpia, con estrellas, pero sin luna. Los árboles formaban misteriosas siluetas a lo largo del sendero. Era hora de buscar posada para dormir.

De pronto, los dos caballeros escucharon un chillido agudo que rompía el oscuro silencio. Más que un chillido, era un lastimoso quejido de dolor casi infantil.

Aminoraron la marcha, y sin dudarlo dos veces, Juan puso pie en tierra para averiguar de dónde venían aquellos sonidos. Por su parte, Filiberto, mitad por no quedarse solo y mitad por morbosa curiosidad, siguió a su acompañante a una distancia prudencial. Encendieron unas teas para orientarse en la oscuridad.

En un recoveco, yacía un pequeño ser, con un aspecto extraño, cuya pierna estaba aprisionada bajo una roca.

De baja estatura y de aspecto tierno, ataviado con extrañas vestimentas, su aspecto distaba mucho de ser el de un niño.

Juan apartó como pudo la pesada roca y se puso a curar las heridas del maltrecho ser. Filiberto preguntó con sorna:

-¿Quién sois, "enano"?

-Soy un Glub. Un habitante del país de las buenas ilusiones, encargado de buscar al futuro rey para comunicarle el GRAN SECRETO. Me queda muy poco tiempo antes de desaparecer y hacerme viento y mi misión no podrá llevarse a buen fin.

- ¿Por qué no?-preguntó Filiberto- Nosotros vamos a la audiencia real, y seguro que yo seré el elegido.

- Está bien -respondió Glub- Os contaré a los dos EL GRAN SECRETO pero sólo surtirá efecto en el corazón más justo y noble, ése será el que deberá ser el mejor rey.

Acto seguido, el pequeño ser reveló a Juan y Filiberto el GRAN SECRETO e instantes después se esfumó.

Ambos caballeros habían comprendido las extraordinarias virtudes del GRAN SECRETO, pero éste se hizo un hueco de manera muy diferente en sus corazones. Volvieron a sus monturas y se dispusieron a buscar posada para pernoctar.

Juan cenó frugalmente y se acostó. Al día siguiente debía estar a punto para la audiencia y su ilusión crecía por momentos.

Por el contrario, Filiberto, tras cenar copiosamente, dióse en exceso al vino y a los placeres carnales hasta el alba.

Puntualmente y a la hora convenida, Juan vestido con sus mejores galas, estaba despejado, alegre y contento por el próximo acontecimiento.

Filiberto, malhumorado y con gran resaca, llegó veinte minutos tarde a la cita con su acompañante.

Ambos emprendieron el camino hacia el palacio real sin cruzarse palabra alguna; el uno, recapacitando e intentando concentrarse en elegir las palabras necesarias para comunicar sus sentimientos y el otro, intentando disimular sus carencias, su timidez, y procurando no herir su propio orgullo. ¡Al fin y al cabo, aquella "gente" estaba a su mismo nivel!

¡Seguro que sus referencias bastarían para ser el elegido!

Lucía un esplendoroso día en la plaza del reino. El lugar de la cita estaba repleto de jóvenes aspirantes al trono, los cuales iban siendo llamados de uno en uno ante la audiencia real, compuesta por sabios asesores de palacio, magos, alquimistas, astrólogos y por supuesto por el rey y por la joven princesa.

Cada aspirante debía expresar en un tiempo determinado por un gran reloj de arena sus aspiraciones, sus ilusiones, sus intenciones, sus ideas; en pocas palabras: darse a conocer y convencer a sus interlocutores. De esta corta pero intensa selección saldría elegido el futuro rey del país.

Fue anunciado por el chambelán el turno de Filiberto, que marchó con paso dubitativo hacia sus interlocutores. Su marcha era torpe e insegura. Notaba aún en su cuerpo los excesos de la noche anterior. En su cabeza se apelotonaban las ideas. Sin orden ni concierto empezó a hablar.

Cabizbajo y con voz queda, expuso confusos argumentos, divagando. Entre la vergüenza y la altivez, rehuyó mirar para no ser interrogado y mucho menos contradecido. Expuso sus conocimientos y pretensiones sin dar lugar en ningún momento a ser interpelado.

A veces su voz se alzaba para protestar sobre lo que él creía injusto, murmurando vagas y ambiguas soluciones.

Quería terminar pronto; así que concluyó con una serie de objeciones y condiciones previas y, sin pretender escuchar, dando media vuelta, salió de la audiencia.

"La suerte" está echada, pensó, y seguro que el resto de patanes, a pesar de mis lagunas, no me han de llegar a lo más bajo de mis polainas.

Acto seguido y por caprichos del destino, le llegó el turno a Juan.

Al oír anunciar su nombre empezó a caminar con paso firme y seguro hasta el lugar donde debía hablar.

En su recorrido, observaba con curiosidad y respeto a todo el público expectante, al cual dirigía una amable y sincera sonrisa a modo de salutación. Se sentía feliz de que aquel selecto público le dedicase unos instantes. ¡No podía defraudarlos! Lo tenía claro. ¡Había soñado tanto tiempo con aquel momento…!

Una vez ante el rey y la princesa, dirigió su más cordial saludo, acompañado de la reverencia al uso, y comenzó su intervención.

Sus palabras, fruto de sus buenas ideas, salían de su boca como música que auguraba un futuro esperanzador y feliz.

Todos y cada uno de los ademanes, propuestas y aseveraciones, estaban ordenados de manera sencilla, atractiva y convincente. Contestaba a cada pregunta mirando a sus interlocutores, sin olvidarse de obsequiarles con una sonrisa. Aquella persona emanaba a cada instante frescura, honradez, buenas intenciones, seguridad y sencillez.

Llegado el final de la entrevista, agradeció la atención que le habían prestado y añadió que aunque él no fuese el elegido, ya era feliz con tan sólo haber conocido a tan augustas personas y muy especialmente por haber disfrutado por unos instantes con la visión de la bella princesa, a la cual deseó lo mejor en el futuro.

Como podrá entender el lector, la elección fue fácil.

Juan el Bueno reunía las mejores cualidades para ser el futuro rey. La princesa quedó prendada de Juan por su sencillez y simpatía. Los demás sabios opinaron que la personalidad y las dotes de Juan darían excelentes resultados en el futuro monarca.

Como no podía ser de otra manera, la princesa y Juan se casaron, vivieron felices, comieron perdices y...

¡Colorín, colorado, este cuento se ha acabado!

¿y el Gran Secreto?...

Presentación

Este libro tiene como objetivo ayudarle a mejorar su comunicación con los demás por medio de la palabra.

Cada día, nuestra sociedad nos reclama mayores y mejores aptitudes, más efectividad en nuestro trabajo y también en nuestras diferentes relaciones con otras personas, ya sean jefes, clientes, proveedores o subordinados.

Es más, el saber hablar con eficacia conduce al éxito, tanto en nuestra vida personal como profesional.

Usted, al igual que millones de personas, es especialista en su profesión, pero cuando adquirió los conocimientos propios de su trabajo, y aún mucho antes, en la escuela primaria, no existía la asignatura de expresión oral.

Pocas personas han aprendido a vocalizar, a modular y educar su voz, a exponerse en público y a transmitir sus ideas.

Una pregunta: ¿Puede pensar con fluidez estando de pie?

Naturalmente que usted piensa, en cada instante, incluso cuando duerme. Su cerebro actúa siempre, y muchas veces de una forma frenética. Pero me refiero a "pensar" de forma coherente y consciente. A elaborar ideas con agilidad, originalidad y soltura para transmitirlas a los demás, y todo ello, estando de pie, que en el fondo es la postura más habitual del orador. Puede que su respuesta sea "no", como la de miles de personas.

Poco a poco, por imitación e improvisando, se han adquirido hábitos, unos buenos, positivos y efectivos, y otros no tan buenos, que hasta hoy conforman su forma de hablar y expresarse.

Lo que este libro pretende es revelarle todos y cada uno de los factores que le permitirán expresarse con soltura y eficacia ante los demás a través de la palabra.

No existen fórmulas magistrales ni ideas geniales que de un día para otro le hagan obtener el éxito. El éxito sólo se alcanza con trabajo y trabajo. Con tiempo y experiencia.

Recuerde por un momento cuando estudió para obtener el permiso de conducir. Se trataba de aprender el Código de la Circulación y por otro lado, aprender movimientos (pisar embrague, poner la marcha adecuada, soltar embrague, acelerar; soltar el acelerador y frenar, etc.).

Hoy, si hace años que conduce normalmente, realiza todas esas reglas y movimientos de forma mecánica e inconsciente, o sea, de forma natural, y sólo analiza los fallos en momentos clave. Los analiza e intenta evitarlos.

Este libro pretende lo mismo. Así de fácil, aunque en un principio le parezca difícil y complicado.

Aparte de los consejos teóricos que espero descubra en este texto, si no actúa de una forma metódica y realiza con paciencia y objetividad los ejercicios prácticos que se proponen, leer este libro le resultará divertido, curioso y ameno (eso espero), pero al cabo de un tiempo olvidará lo que pretendo transmitirle y no habrá aprendido nada.

Tómese su tiempo. Ensaye. Observe y piense. Sólo de esta forma comprenderá y podrá aplicar todos los recursos necesarios para hablar bien en público y, lo que aún es mejor, lo hará de una manera natural y personalizada.

¡Adelante! A partir de ahora su forma de comunicarse con los demás va a cambiar.

> *"No existe un método único de estudiar las cosas"*
> *Aristóteles*

La comunicación personal, hoy

Si usted se ha decidido a comprar este libro es casi con toda seguridad porque siente la necesidad personal y profesional de comunicar bien sus ideas a los demás; porque se siente inseguro o le atemoriza exponerse a hablar en público.

Esto es muy natural. Nadie le ha enseñado y usted es consciente de la necesidad de hacer las cosas bien.

Hace algunos años (no demasiados) el poder ejecutivo de cada persona era limitado. Estaba restringido a unos cuantos privilegiados.

Fíjese bien que he citado la palabra EJECUTIVO.

No me refiero a la ya anticuada acepción del yuppie, ni mucho menos, si no a esa persona que tiene una responsabilidad profesional y social de EJECUTAR, de llevar a cabo una tarea individual o en representación de una empresa de una manera responsable.

Esta tarea implica, además del conocimiento técnico y específico de cada profesión, la transmisión correcta de forma personal, intentando captar la atención de nuestros interlocutores y de "venderles" nuestras ideas.

La sociedad actual, con su reciente revolución y proliferación en medios de comunicación y medios tecnológicos, reclama del individuo situaciones de intensa relación con los demás entre las que destaca la comunicación oral.

La comunicación oral o retórica es el arte de comunicar y persuadir a los demás por medio de la palabra.

Ya en la antigüedad, esta era una asignatura obligatoria en la educación del individuo. En la actualidad, sin saber por qué, no se imparte dicha disciplina y, paradójicamente, es más necesaria que nunca.

Es normal que abunden los cursillos, las entrevistas profesionales, las reuniones de varias personas, las conferencias sobre temas específicos, las entrevistas tanto en radio como en TV, etc., donde las palabras adecuadas no tan sólo comunican ideas y conceptos sino que potencian y aumentan nuestra credibilidad personal.

Y, repito, en su formación no había una asignatura sobre cómo hablar en público, y hoy usted reconoce esa laguna.

Puede empezar preguntándose: Pero...¿ tengo facultades para hablar bien en público?

La respuesta es SÍ.

El filósofo griego Aristóteles, ya advertía en su *RETÓRICA* que el mejor me-

dio persuasivo de un comunicador eran las características personales propias.
Dichas características son:

> • **Sus características físicas**
> • **Su carácter**
> • **Su capacidad para aprender**

Sus características físicas

Me refiero a los mecanismos físicos y el buen uso que usted sepa hacer de ellos.

Han pasado muchos años y aún perdura la imagen de Demóstenes, gran orador griego con grandes conocimientos e ideas, pero con un defecto físico en el habla que le impedía comunicarse con soltura.

Pues bien, este gran orador se entrenaba muchas horas en la playa pronunciando discursos; y para mejorar su dicción introducía pequeñas piedras en su boca, lo cual aminoraba y mejoraba ostensiblemente su forma de expresión.

Tras un duro entrenamiento, logró perfeccionar notablemente su dicción y su oratoria.

Escuchamos a menudo en los medios de comunicación voces impresionantes. La naturaleza nos hace maravillosamente diferentes pero aun no teniendo unas cuerdas vocales perfectas, ¿qué hay detrás de estas magníficas voces que nos cautivan? Autocontrol y entrenamiento.

Habrá oído que muchos cantantes y locutores, perfectamente entrenados, "cuidan su voz", no fuman, no beben líquidos demasiado calientes o fríos, etc. Pues usted debería empezar por lo mismo.

Se pueden mejorar las condiciones físicas para hablar con el entrenamiento diario y la educación. Conozca sus limitaciones y potencie sus cualidades.

Su carácter

En un capítulo posterior se expondrán las ideas generales sobre la personalidad, pero aquí deseo resaltar tanto la forma natural de ser, como los diferentes estados de ánimo que atravesamos en días e incluso en minutos.

El carácter es la suma de rasgos generales de nuestra forma de ser y de comportarnos por los que nos identifican los demás.

Seguro que conoce a personas iracundas, de carácter frío y distante. A personas con carácter amable y alegre. A otras de carácter tímido, y así un largo etcétera. Incluso una variación temporal de carácter en un mismo individuo y día. El carácter de una persona puede educarse e incluso cambiarse. A propósito, ¿cuál es su carácter? Vaya pensando.

No pretendo que se convierta en otra persona, nada más lejos de mis propósitos. Se trata de que analice los rasgos más importantes de su carácter, y sobre todo los rasgos principales que los demás perciben.

Tras ese análisis descubrirá sus puntos fuertes, que seguro los tiene, y sus puntos débiles, que también existen. Éstos últimos son los que hay que corregir y controlar, jamás anular, ya que son rasgos suyos que le hacen único y diferente, no un robot. Si mezcla bien los ingredientes de su carácter, junto con otros ingredientes que irá aprendiendo, el resultado será, cuando hable en público, un mensaje único, personal, convincente e inimitable.

No se trata de belleza exterior, aunque si existe, mejor, sino de belleza interior, de sus ideas, que con el paso del tiempo aumenta y perdura.

Su capacidad para aprender

Ya le advertí anteriormente que no existen fórmulas magistrales, ni libros mágicos, ni milagros que le den la fórmula de una manera fácil para hacer las cosas bien, para triunfar, o, como en este caso, para hablar en público. El único secreto es su capacidad para aprender y su predisposición al trabajo.

Si lee este libro de un tirón, memoriza algunas de sus ideas y lo guarda, para otro día seguirlo con más detenimiento y realizar más tarde los ejercicios, o lo consulta unos días antes de dar una charla, lo siento: fracasará. Usted no tiene tiempo. Yo tampoco. Pero el tiempo es algo relativo y muchas veces lo dedicamos a asuntos banales.

Dedique sólo una hora diaria a este libro (¡sólo una hora!) y durante el resto del tiempo reflexione y observe a los demás.

Está aprendiendo en la mejor escuela que existe: la vida.

Cuesta empezar, ya lo sé, pero al cabo de un tiempo, menos del que cree, habrá adquirido una seguridad en sí mismo excepcional y se habrán producido unos cambios en su manera de hablar sorprendentes. Yo no le he enseñado nada, es usted el que ha aprendido algo más. Todos vamos aprendiendo, siempre, día a día. Lo malo es que no nos damos cuenta y por consiguiente no sabemos aplicar los nuevos conocimientos.

Si empieza por conocer a fondo sus características personales y las potencia, tendrá a su alcance las mejores armas persuasivas para comunicarse y convencer a los demás.

Ejercicio:

Le recomiendo para este ejercicio y también para los siguientes el uso de una libreta para tomar notas. Por favor, recuerde; UNA LIBRETA, no hojas sueltas. Esto le permitirá tener ordenadas las ideas de ejercicios y notas. Además, es absolutamente necesario que sus ideas queden escritas (sólo para ser leídas por usted), ya que si no las apunta, éstas no son más que ideas confusas, difíciles de objetivar, y le ayudarán muy poco en sus progresos.

• *¿Ya ha pensado cómo es su carácter? Tómese su tiempo. No es fácil. Primero por timidez o por vergüenza ante uno mismo, puede pensar que es difícil.*
Pues no. Usted es quien mejor se conoce. Tome un papel y escriba en conceptos simples los rasgos que más le identifican. No tema equivocarse. Hágalo sinceramente pero no se obsesione demasiado. Cinco o seis rasgos positivos y cinco o seis rasgos negativos pueden ser suficientes.

• *Consulte con su pareja o con un amigo íntimo sobre los rasgos más importantes y compárelos con los que usted ha escrito.*
Ya tiene una primera pista, mínima e indicativa, pero es el primer paso para empezar a saber:

> ## Lo que se cree que es y
> ## lo que creen de usted los demás

Algo de psicología

No pretendo aburrirle con un exhaustivo tratado sobre la ciencia de la psicología. Simplemente deseo que conozca algunas ideas que trataré de exponer con la máxima simplicidad y que le servirán para conocerse mejor y para entender mejor la forma de actuar de los demás.

La psicología es la ciencia que estudia los fenómenos y procesos mentales, tanto conscientes como inconscientes, desde el punto de vista de la interioridad y del comportamiento.

El ser humano tiene una personalidad, una forma de ser especial y única que le hace diferente de los demás.

La personalidad es un elemento cambiante, en constante evolución y desarrollo a lo largo de la vida de cada individuo y consta de ASPECTOS POSITIVOS y ASPECTOS NEGATIVOS que dependen de la óptica ética y social. Aceptar y asumir esta dualidad le llevará a progresar.

La personalidad puede ser analizada bajo este simple esquema:

$$P = Ge + Ma + Ed$$

"Ge" significa GENES y se refiere a los componentes hereditarios que conforman al individuo.

Estas características vienen dadas por nuestros progenitores. Así, hay individuos altos o bajos; rubios o morenos; con una capacidad cerebral determinada, etc.

Estas características psico-físicas nos vienen dadas. Podemos desarrollarlas, pero difícilmente transformarlas en su totalidad.

"Ma" significa MEDIO AMBIENTE: el contexto situacional donde el individuo se desarrolla a lo largo de su vida, en su más amplia acepción: geográfico e interrelacional.

La personalidad de un individuo variará notablemente según la zona geográfica donde nace y se desarrolla. Por ejemplo, será diferente el comportamiento personal de alguien nacido en una zona fría o en una zona tropical.

Si a este ejemplo añadimos las posibles variaciones que puede haber a lo largo de la vida de una persona (nacer y crecer en una zona rural fría; vivir diez años en una ciudad mediterránea y por último establecerse en una zona tropical) se derivan infinitas variaciones que la simple situación geográfica implica en la formación de la personalidad. Si usted vive en una gran ciudad seguro que puede establecer diferentes rasgos personales de sus habitantes según el barrio o zona en que habiten.

Y por último "Ed" significa EDUCACIÓN. Se refiere a los conocimientos adquiridos por cada persona a lo largo de su vida. Estos conocimientos empiezan por las normas de aprendizaje que se generan en nuestra niñez, tanto en el hogar como en la escuela, siguen en nuestros estudios y formación, y más tarde con toda la información que somos capaces de asimilar, día a día, en nuestro trabajo, en el trato con los demás, asimilando información, leyendo, aprendiendo.

Como observará, estos grandes rasgos, analizados minuciosamente, dan infinidad de variaciones, tantas como individuos, lo que nos lleva a la conclusión de que no existen dos personalidades iguales; similares sí, pero con matices diferenciadores importantes. Así, usted posee una personalidad determinada, con unos rasgos especiales que le caracterizan y diferencian de los demás. Una postura y forma de actuar ante la vida con una forma particular de entenderla.

Ese sello personal puede ser muy interesante o tremendamente aburrido. Por supuesto, al público que le escuche sólo le interesa esa parte positiva de la que puede aprender.

Recuerde que la personalidad se va formando y enriqueciendo a lo largo de la vida. Si bien existen factores determinantes que sirven para fijar nuestra manera de ser (Genes y Medio ambiente) otros factores varían y enriquecen, o empobrecen, nuestra personalidad (Educación).

También el público que nos escucha, cada individuo, tiene su propia personalidad, diferente a la nuestra, y es aquí donde nace el maravilloso fenómeno de la relación humana, de la comunicación: Usted como comunicador, con su propia personalidad, transmite un mensaje que intenta agradar y convencer a diferentes individuos, los cuales a su vez poseen cada uno una personalidad propia.

El siguiente esquema explica el desarrollo personal de un individuo medio en la cultura occidental actual:

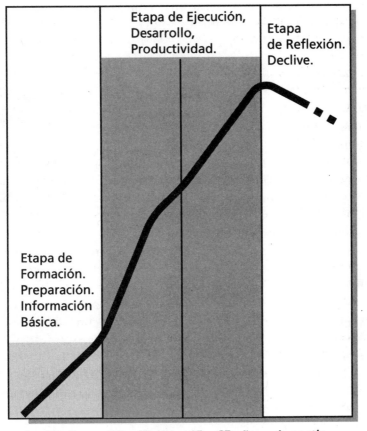

Etapa de Ejecución, Desarrollo, Productividad.

Etapa de Reflexión. Declive.

Etapa de Formación. Preparación. Información Básica.

| 0 a 25 años | 25 a 45 años | 45 a 65 años | A partir de 65 años |

El promedio de edades está contemplado a partir de la cultura occidental y con la media de vida actual. Piense que hace tan sólo 100 años, la media de vida era mucho menor y la etapa formativa muchísimo más reducida.

En la primera etapa, de 0 a 25 años, el individuo se somete a un proceso de aprendizaje y formación básico, de adquisición de hábitos principales y conocimientos generales.

Durante la segunda etapa, desde los 25 a los 65 años, la persona está en un desarrollo ascendente, de máxima ejecución, y debiera de ir acompañada de diferentes ciclos de formación.

A partir de los 65 años, la etapa se vuelve menos productiva, más reflexiva, pero no menos enriquecedora, naturalmente mermada por las condiciones físicas.

¿Es usted capaz de convencer y de agradar?

La respuesta es sí, pero con matices.

Sí, si estamos lo suficientemente educados y preparados para transmitir el mensaje. Si potenciamos y mostramos todos esos aspectos positivos de nosotros mismos que son interesantes para los demás.

¿Por qué? Porque dentro de los rasgos correspondientes a la personalidad de cada individuo que nos escucha, existe la necesidad de educación, de información, de aprender más para ser mejor; y porque el ser humano es un ser social que necesita relacionarse para progresar.

¿Y los matices? Recuerde que no existen dos personalidades iguales, por lo cual usted puede encontrarse ante un interlocutor con una personalidad incompatible con la suya, lo que hará difícil o imposible todo intento de comunicación. Esto es así, se da y muchas veces es difícil de solucionar.

Cuidado, aunque la incompatibilidad de personalidades existe, aunque por suerte no abunda demasiado. La mayoría de las veces, cuando se comunica mal es porque no se han utilizado correctamente todas las armas de persuasión que cada cual posee.

Ejercicio:

• Realice un listado en el que figuren los aspectos positivos de su personalidad. Realice otro listado en el que figuren los aspectos negativos de su personalidad.

Pida a dos o tres personas de su confianza que citen aspectos positivos y negativos de su personalidad y compárelos con su lista.

Ya tiene algunas pistas. No es un test definitivo de su personalidad, ni mucho menos, pero son los datos necesarios para que conozca lo principal de sus rasgos personales.

Reflexione sobre estos datos de una forma positiva y constructiva, ya que para progresar es indispensable conocer cada una de las armas de su personalidad de cara a poder utilizarlas en el momento oportuno.

Dos o tres puntos positivos quedarán remarcados; prepárese a potenciarlos y desarrollarlos.

Dos o tres puntos negativos también saldrán a relucir; prepárese a subsanarlos o por lo menos a no mostrarlos a la hora de comunicar en público.

• Elija a una persona que admire:

Realice una lista de sus aspectos positivos.

Realice otra lista de sus aspectos negativos. Esto puede resultarle algo difícil. Indague; pregunte; seguro que los tiene. Si no logra descubrirlos, no quiere decir que no los tenga, sino que sabe ocultarlos y no mostrarlos a los demás. Eso es precisamente lo que debe aprender.

A continuación se citan algunos aspectos de la personalidad. Puede añadir más, pero recuerde que aunque se citen los apartados POSITIVO/NEGATIVO, no necesariamente tiene que ser así. Son conceptos generales susceptibles de ser matizados.

ASPECTOS GENERALES POSITIVOS

☐ Activo
☐ Tenaz
☐ Extrovertido
☐ Simpático/Agradable
☐ Positivo
☐ Equilibrado
☐ Preocupado por su imagen externa
☐ Metódico/Organizado
☐ Buena memoria
☐ Escucha a los demás
☐ Nivel de estudios medio/alto
☐ Régimen alimenticio "correcto"
☐ No se pelea ni discute nunca
  Su mejor característica física...
  Su mejor característica personal...
  Otros...

ASPECTOS GENERALES NEGATIVOS

☐ Pasivo
☐ Inconstante/Se desanima enseguida
☐ Introvertido/Tímido
☐ Demasiado serio/Opinna a veces que es antipático
☐ Negativo
☐ Sufre altibajos muy a menudo/Muy nervioso
☐ Le preocupa poco su forma de vestir o su apariencia
☐ Desorganizado/Poco puntual
☐ Despistado
☐ Siempre quiere tener la razón
☐ Nivel de estudios bajo/o le interesa poco aprender más
☐ Régimen alimenticio con excesos. Toma estimulantes
  Su peor característica física...
  Su peor característica personal...
  Otros...

La comunicación global

El siguiente esquema ilustra el proceso de comunicación:

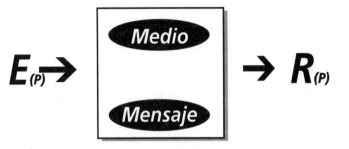

"E" significa **EMISOR**; es el responsable principal de transmitir el mensaje, con su personalidad correspondiente. En este caso sería usted como conferenciante.

"**Medio**" es el soporte con el que se transmite el "Mensaje".

Los medios pueden ser:

AUDITIVOS: mensajes que se transmiten para ser percibidos por el sentido del oído. El sonido; la música, los diferentes sonidos y la voz transmitidos por medio de la radio, un disco, un cassette, etc.

VISUALES: mensajes que se transmiten para ser percibidos por el sentido de la vista. La visión; un libro, una fotografía, un dibujo, un cuadro, etc.

TÁCTILES: mensajes que se transmiten para ser percibidos por el sentido del tacto. La piel, y más concretamente las manos. La dermis es un inductor informativo que transmite a nuestro cerebro sensaciones como lo suave, lo áspero, lo aterciopelado, "lo que rasca", lo rugoso, etc.

GUSTATIVOS: mensajes que se transmiten para ser percibidos por el sentido del gusto, un plato de comida determinado o el "bouquet" de un vino, etc.

OLFATIVOS: mensajes que se transmiten para ser percibidos por el sentido del olfato, su perfume, su olor personal, el olor de la sala donde se pronuncia su conferencia.

Pero esto se complica un poco más. La comunicación también es:

PERSONAL: donde se entremezclan todos los apartados anteriores. A usted le ven, le escuchan, le tocan, le degustan (si besa, o habla de un plato o sabor determinado) y le huelen (su perfume y su olor corporal).

AUDIOVISUAL: si el mensaje es percibido a través de TV, cine o vídeo.

"Mensaje" es el concepto principal que se quiere comunicar.

"R" es el RECEPTOR, es la persona que escucha y recibe e interpreta el mensaje.

Un paso atrás

...Y aquí entramos en otro mundo, dando un salto atrás (licencia que sólo me permitiré una vez con el lector) para referirme a la psicología:

La Percepción

Es la forma en que llegamos a conocer el mundo que nos rodea por medio de los sentidos.

Desde que nacemos, cada uno de los sentidos perceptivos (vista, oído, olfato, gusto y tacto) transmite información sobre nuestro entorno hacia nuestro cerebro. El conjunto de estas informaciones sirve para crear una imagen mental que nos permita conocer y desarrollarnos en nuestro entorno.

Un niño de corta edad, cuando ve un objeto desconocido (percepción visual), lo agarra con sus manos (percepción táctil), lo agita en el aire o golpea con él sobre una superfície (percepción auditiva), y curioso para los adultos, se lo lleva a la boca (percepción gustativa), y a partir de todas estas informaciones, se forma una idea mental inicial de las características del objeto en cuestión.

Si ponemos al alcance de un bebé un objeto desconocido para él, por ejemplo una esfera de color rojo, intentará tomarla para investigar. Si dicha esfera está muy caliente, al tocarla (información táctil) el niño se quemará y la soltará.

Presentamos de nuevo la misma esfera pero a temperatura normal; el bebé la mirará, pero lo más seguro es que no la toque. En su cerebro guarda la imagen de dolor de la última percepción.

De esta forma y a través de los sentidos conocemos objetos, personas, situaciones, etc. y nos formamos una determinada imagen mental según nuestras experiencias anteriores.

En nuestra cultura, los sentidos que más se han potenciado en el ser humano son la vista y el oído, seguidos del tacto, y en los últimos lugares, el gusto y el olfato.

Cuando vemos u oímos un mensaje, atribuimos de forma inconsciente los valores perceptivos restantes y nos formamos una imagen mental general del mensaje recibido.

Si ha tenido la ocasión de conocer personalmente a algún personaje que inicialmente había conocido por TV, habrá observado la posible variación de percepción en la concepción del citado personaje.

Lo mismo ocurre con la voz. He conocido personalmente a locutores de doblaje cuya voz encarnaba a determinados personajes de cine, y al ver su imagen física, muchas veces he sufrido una gran desilusión. Sin ser feos, sí se alejaban mucho del físico del actor o actriz que encarnaban en la pantalla, incluso con decenas de años de diferencia.

Comunicar es más que hablar

Cuando se habla, a parte del mensaje específico que se quiere comunicar se está transmitiendo mucho más.

El tono de voz, la imagen personal, los movimientos, el perfume, las manos y sus movimientos. El público va más allá del mensaje verbal estricto y se forma una imagen mental más amplia.

Tras una intervención oral de una hora, el público sólo recuerda un 30% del mensaje total y guarda en su mente una imagen global, idealizada, de lo que ha visto y escuchado.

Para que sus ideas sean transmitidas con eficacia el secreto consiste en que los demás impulsos perceptivos que acompañan la comunicación oral sean correctos y no distraigan o superen el mensaje principal.

Me explicaré: Usted tiene un mensaje (por ejemplo, las características de una nueva película fotográfica) que debe comunicar a un público compuesto por profesionales del sector.

Estas personas acuden a la presentación con la única intención de conocer las características del producto y usted es el responsable de hablar sobre los beneficios y excelencias de dicho producto y el objetivo final será el de convencer al público para que compre la citada película fotográfica.

Sus conocimientos del producto y su dominio de la palabra son excelentes, pero... (ahora voy a citar algunos ejemplos extremos):

• Su forma de vestir resulta extravagante, llamativa, descuidada.

• Con las prisas del viaje y en pleno mes de agosto, no le ha dado tiempo a una ducha y su olor personal (que no es muchas veces percibido por uno mismo) es "algo fuerte". O bien ha comido algún exquisito manjar o bebido algún licor especial que permanece en su aliento durante horas. O se ha puesto demasiada cantidad de esa colonia o perfume que le regalaron y que tiene un "toque profundamente exótico".

• A la hora de estrechar su mano, por tendencia natural o bien por los nervios, su mano está sudada y además, no la estrecha con cierta fuerza, sino que la tiende flácida a la otra persona.

• A la citada reunión también asiste un amigo íntimo con el cual se permite ciertas confianzas, o comentan en voz alta asuntos personales.

El público asistente, además de sus palabras, está percibiendo todos los otros mensajes que usted les envía. Estos mensajes actúan como "ruido" del mensaje principal, despistando o desviando la atención del mensaje, y añaden connotaciones diferentes a las deseadas.

Así pues, deberá tener muy en cuenta cada uno de los puntos que intervienen en la emisión de su mensaje, haciendo un especial énfasis en el eje principal y prestando atención a que los demás componentes sean correctos y equilibrados.

El proceso básico de la comunicación

El siguiente esquema deberá estar presente en su memoria a lo largo del tiempo. Es muy simple y lógico, pero le ayudará a establecer una forma coherente, profesional y efectiva en el eje principal de cualquier comunicación.

$$\text{QUIÉN} \rightarrow \boxed{\begin{array}{c} \textbf{QUÉ} \\ \textbf{POR QUÉ} \\ \textbf{CÓMO} \\ \textbf{CUÁNDO} \end{array}} \rightarrow \text{A QUIÉN (ES)}$$

Aunque el esquema es sencillo y está presentado de forma lineal, cuando tenga que analizar su caso concreto deberá hacerlo de forma global e ir desglosando cada apartado y analizando sus características. De esta forma obtendrá un concepto final del objetivo a cubrir.

QUIÉN

Usted, por iniciativa propia o en representación de su empresa. Con sus cualidades personales, con su preparación y conocimientos.

QUÉ

Se refiere al concepto principal. Escriba en muy pocas palabras cuál es la IDEA BASE de su mensaje.

POR QUÉ

El objetivo final que se pretende del oyente.
(Se pretende la compra. Se espera una acción determinada, etc.)

CÓMO

Es la forma en que se exponen el QUÉ y el POR QUÉ.
(En una charla informal. En una conferencia a la que se accederá mediante invitación personalizada. Utilizaremos proyector de diapositivas, etc.)

CUÁNDO

El momento en el tiempo es crucial.
(La época del año. El mes. El horario y su duración, etc.)

A QUIÉN - A QUIÉNES

Se trata de conocer de antemano al público receptor de nuestro mensaje.
(Sus gustos, aficiones, necesidades, su nivel cultural y adquisitivo, etc.)

A continuación le presento una historia ideal, con la aplicación del anterior esquema. Todas las estructuras y los pasos a seguir son los mismos que deberá aplicar a sus charlas o conferencias, con las lógicas variaciones.

QUIÉN

Usted es un comercial de una empresa de informática al que recientemente han ascendido a un puesto superior y ello implica la presentación de productos ante varias personas, posibles consumidores del producto.

Lo primero que tiene que hacer, es informarse de las características formales que requiere su puesto y tomarse un tiempo para su documentación y preparación.

Normalmente en empresas grandes esta formación ya está contemplada y la proporciona el responsable de la empresa. Pero si trabaja en una empresa pequeña o mediana, la labor le vendrá dada como consecuencia de su progreso dentro de la misma, y es posible que no exista un encargado de proporcionarle dicha formación. Es entonces cuando debe empezar a reflexionar sobre su puesta al día.

QUÉ

¿Cuál es su misión y qué se le exige?

¿Qué concepto y TODAS SUS CARACTERÍSTICAS? Con virtudes y defectos incluidos.

Tiene que pedir toda la información necesaria para poder comunicar el producto y sus ideas principales. Debe conocer todas las virtudes y los defectos. Las virtudes para resaltarlas y los defectos para obviarlos o por lo menos no caer en contradicciones.

Si el ordenador que presenta es una verdadera innovación en el mercado, con claros avances, pero aún le faltan por resolver futuras conexiones con otros ordenadores de distintas marcas, mejor no saque a relucir este problema.

En general, NO HABLE NUNCA DE LO QUE NO SABE. Eluda cualquier aproximación al tema que desconoce. Se ahorrará el que alguna persona con inquietudes le ponga en un aprieto.

POR QUÉ

¿Qué objetivos a medio o largo plazo pretende con su intervención oral?

Normalmente es persuadir y convencer a un público sobre:

a) Una idea o punto de vista; de carácter pedagógico, aumenta su prestigio y valoración personal y el de la empresa o producto presentado.

Le invitan a una conferencia, cursillo o mesa redonda, como representante de la empresa X de ordenadores.

Deberá exponer sus ideas más importantes respecto a la empresa que representa. Sin citarla, ni citar su producto en concreto, pero sí hablando de su experiencia en ese campo. Dado que le habrán presentado como representante de la empresa X, indirectamente el público, si su intervención es acertada, entenderá que los productos de la empresa que representa son los mejores porque usted es un gran especialista en la materia.

b) Las virtudes de un servicio o producto; invita a la adquisición del producto o servicio. Está vendiendo y haciendo publicidad. Exponga las ideas del apartado QUÉ, pero introduzca frases o ideas que induzcan a comprar el producto.

CÓMO

Se refiere a los elementos tanto conceptuales como formales para presentar su intervención.

Si el público al que se dirige para presentar sus ordenadores es el público final (QUIÉN), deberá utilizar términos asequibles y claros, demostrando las utilidades finales, mostrando y demostrando el producto final y sus ventajas e invitando a probarlo.

Para este tipo de intervenciones es recomendable utilizar un vídeo y crear un ambiente más informal y desenfadado.

Si por el contrario el publico es técnico, distribuidores (QUIÉN) el lenguaje a utilizar deberá ser más técnico, aportando datos con gráficas y estadísticas.

Para este tipo de público es idónea la utilización del proyector de diapositivas y distribuir impresos con datos técnicos del producto.

CUÁNDO

El momento en el que deberá realizar su intervención pública es crucial. Tanto por lo que se refiere a la estación del año, como al día y la hora.

Fijar su intervención un día determinado y a una hora que coincida con otro tipo de evento importante para su público puede dar como resultado que nadie asista a escucharle.

Estudie de antemano y con detenimiento el calendario.

Si convoca a sus oyentes tres o cuatro días después de que la competencia haya hecho su presentación, el público estará saturado.

Si fija su presentación un viernes por la tarde, o pocos días antes de que sus oyentes vayan a iniciar sus vacaciones, lo más seguro es que se encuentre solo en la sala.

Es importante planificar, con un calendario en la mano, las fechas de la convocatoria. Seguro que su empresa ya conocerá la época idónea en la que el público objetivo puede estar más receptivo. Si no es así, deberá hacer un esfuerzo imaginativo al establecer el día y la hora más idóneos para que el público asista.

En el presente ejemplo, en el que deben presentarse productos informáticos a un público consumidor final, cuya compra se realizará después en las tiendas detallistas o grandes almacenes, deberá hacerlo en un horario que no interrumpa las actividades normales de trabajo o descanso, poco tiempo antes de las épocas de gran consumo.

Ampliando el concepto de comunicación

Ya conoce el esquema básico del acto comunicativo; el que habla (Emisor) transmite una idea (mensaje) con su voz e imagen personal (medio) a un público oyente (receptores). Supongo que hasta aquí lo tiene bastante claro. Pero...¿Qué pasa si alguien del público realiza una pregunta o emite su opinión?

Entonces el esquema se invierte. El Receptor se convierte en Emisor, y el Emisor en Receptor.

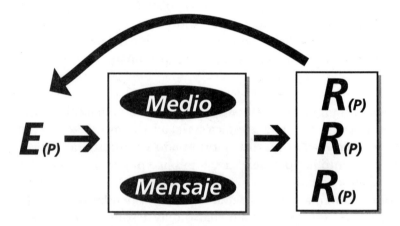

Se produce un efecto llamado RETROALIMENTACIÓN.

La comunicación, en vez de ser UNIDIRECCIONAL y CERRADA, se convierte en MULTIDIRECCIONAL y ABIERTA.

¡Atención! Deberá prever si este caso le conviene. Si está preparado para responder las preguntas que puedan hacerle. Si estará preparado para encajar opiniones diferentes u opuestas a la suya.

Como conductor y responsable único de la comunicación deberá establecer desde un principio las reglas del juego.

Al iniciar su intervención o al finalizar (procure que nunca sea en la mitad) puede sugerir la intervención de los oyentes: "Pueden ustedes realizar sus preguntas si tienen alguna duda, ahora o al finalizar".

Una intervención abierta es mucho más didáctica y enriquecedora. Le ayu-

Spirit Airlines
Customer Copy

Name:GOMEZ/DALIA   N62WSC
Customer No:

Gate L-9 @ 03:40PM | Seat 9D
Subject to change |
                     | Zone 4
NO CARRY-ON BAG

25Dec12   Seq#13   Flt No: 245

Depart: Chicago O'Hare   04:25PM
Arrive: Las Vegas   06:19PM

BagTag#'s:
0487577522

Please visit our website at spirit.com

For Reservations & modifications please
call 1-800-772-7117 (English) or
1-800-756-7117 (Espanol)

To provide feedback please contact us at
the address below
Email address   support@spirit.com
Mailing address Spirit Customer Relations
                 2800 Executive Way
                 Miramar, FL USA 33025

da a aclarar puntos que alguien del público no entiende o a ampliar algún concepto. No obstante, deberá tener la suficiente experiencia para afrontar posibles discrepancias.

Inconvenientes

Si está lo suficientemente preparado sobre el tema le aconsejo que provoque la intervención de los oyentes, ya que ello dará lugar a que su intervención sea más rica y dinámica, además afianzará su imagen ante los asistentes.

Pero ¡cuidado!: Si no conoce en profundidad el tema no se arriesgue a que algún "enteradillo" le desmonte la intervención.

Suele pasar, no muchas veces por suerte, que alguien del público con ganas de sobresalir, intente ponerle en evidencia. Tranquilo, son gajes del oficio, pero si sigue los siguientes consejos dejará "fuera de juego" a su oponente. Observe las ventajas a su favor:

• Usted es el conductor principal, el que manda, y la mayoría de los asistentes están de su lado; por eso han hecho el esfuerzo de acudir para escucharle. Le parecerá raro pero es así. Como público, todos reaccionamos de esta forma. Asistimos a escuchar a otra persona porque nos interesa, porque queremos aprender, porque nos gusta sentirnos conducidos.

A no ser que su intervención vaya en contra de la mayoría (debe procurar que esto no ocurra), la mayoría se pondrá de su parte y rechazará cualquier elemento discordante o perturbador.

Este primer punto debería darle confianza. Recuérdelo. Vea a su público como amigos, porque realmente lo son. Han asistido para escucharle, para ser receptivos, para aprender algo nuevo.

• Al iniciar su intervención debe fijar el momento en que el público podrá intervenir con sus preguntas. Mi recomendación es que se realicen al final.

Si lo ha hecho así y algún asistente le interrumpe con una pregunta, déjele hablar. Si conoce la respuesta conteste y recuérdele después que el turno de preguntas debe efectuarse al final.

Si no conoce la pregunta, recuérdele directamente que el turno de preguntas debe efectuarse al final. Esto le dará tiempo para pensar y buscar la respuesta.

Si al final el oyente vuelve a insistir con su pregunta y no sabe responder con eficacia, discúlpese y diga que no tiene los datos suficientes. Admita "esa laguna" pero no se salga nunca por la tangente. Hacerlo iría en contra de su credibilidad.

Simplemente diga que buscará todos los datos necesarios y que si está muy interesado gustosamente le responderá en otro momento y que al finalizar le deje sus datos y se pondrá en contacto con él para aclarar su duda.

Esta postura es profesional. Y el resto del público la acogerá con agrado. Usted no tiene por qué saberlo todo y encima se toma la molestia de prolongar su intervención más allá de lo necesario para satisfacer a su interlocutor.

• Alguna vez puede ocurrir que algún individuo le formule una pregunta difícil, rebuscada o con trampa. Usted no sabe qué responder. Acto seguido, la otra persona da la respuesta a su propia pregunta.

¡Perfecto! El preguntante se ha puesto en evidencia ante el público. Primero ha realizado una pregunta capciosa y luego, queriendo ponerle en evidencia, ha sido él quien lo ha hecho. El público asistente captará la malicia de la otra persona y se pondrá de su parte.

• Si la persona que realiza la pregunta se extiende demasiado, ruéguele por respeto a los demás y por cuestiones de tiempo, brevedad.

• No discuta nunca ni se altere. Usted está en un puesto privilegiado y debe dirigir al resto de los asistentes. Cualquier indicio de inseguridad puede hacer fracasar su labor. La seguridad y el aplomo se adquieren con la preparación y la experiencia.

• Puede haber dos o más personas que han asistido para intentar reventar su intervención. Sonría. Mire al resto del público y diga que sólo quiere exponer sus ideas y que en ningún momento pretende convertir su intervención en una discusión. Convoque a los que no estén de acuerdo con su discurso a otra sesión para discutir con más profundidad el tema que le plantean, pero indique que usted, por respeto a los demás asistentes, desea continuar con su intervención.

Apele a su amabilidad (y si es necesario a su buena educación) para que le dejen continuar.

• Sus respuestas deben ser claras y concisas. Responda directamente y sin rodeos.

• Si alguien expone un punto de vista opuesto al suyo, reconózcalo: "Tenemos puntos de vista diferentes y llegar a un acuerdo rebasaría el tiempo y el objetivo de la presente exposición. Si ustedes desean un debate les propongo concertar otra reunión en la que podremos discutir más a fondo sobre este tema". No se enzarce nunca en discusiones. Deje hablar y luego hable. Si la otra persona le interrumpe, hágaselo saber: "Por favor, déjeme terminar de hablar" y si la otra persona insiste, déjela hablar. Aproveche ese tiempo para reflexionar, para buscar la palabra idónea que ponga fin a la discusión y mientras tanto, la otra persona, por haberle interrumpido, se habrá puesto aún más en evidencia.

Ejercicio:

Anote en su libreta una posible intervención partiendo del esquema nº 2.

Apunte en cada apartado los posibles factores y circunstancias que pueden intervenir.

Utilice conceptos o palabras sueltas. Sea escueto. Debe desarrollar de una forma personalizada el citado esquema.

Estará realizando una planificación perfecta de su intervención.

Cuando en realidad tenga que hacer una intervención pública utilice de nuevo el esquema. Hágalo tantas veces como sea preciso. Al final lo realizará de forma mental y habrá aprendido a prevenir cualquier imprevisto en sus intervenciones.

Motivación

Prepárese a conocer los resortes psicológicos capaces de inducirle a una intervención pública eficaz.

Son recursos importantes que harán brillar al máximo su personalidad, capaces de seducir y convencer a los demás. Seguro que muchos de ellos ya los conoce, pero permanecen en su interior dormidos o poco cultivados.

Con un adiestramiento constante, los recursos positivos saldrán a flote y serán sus mejores armas para comunicar con éxito.

La postura personal ante la vida

A menudo olvidamos que todos los placeres y cosas importantes de la vida están a nuestro alcance, tan sólo hay que saberlos tomar. Estamos demasiado absortos en ideales lejanos y confusos, no sabemos disfrutar de objetivos mucho más cercanos e inmediatos.

Además, para alcanzar la cima, primero hay que subir todos los escalones, peldaño a peldaño.

Si cada vez que subimos un escalón lo hacemos valorando nuestro esfuerzo con ilusión y alegría, seguro que llegaremos al final de la escalera algo cansados pero conscientes de que el esfuerzo ha valido la pena.

Si, por el contrario, en cada peldaño sólo valoramos el cansancio y nos quejamos, nunca llegaremos al final. Nos cansaremos e incluso podemos tropezar y retroceder algunos escalones.

Este ejemplo es válido en la práctica. Intente subir a un sexto u octavo piso por la escalera.

Al principio todo irá bien. Llegando al segundo o tercer piso, empezará a notar el cansancio. Si se concentra en cada escalón y se obsesiona en cada uno de ellos, incluso intentando contarlos, se cansará más y más. Notará que las piernas le flojean. Su espalda se inclinará y con ella su cabeza. Empezará a respirar por la boca y le invadirá el flato. Tendrá que pararse a descansar. Si no cambia de actitud, cuando llegue al final, estará deshecho y malhumorado. No tendrá ganas de hacer nada una vez esté en el piso deseado.

Por el contrario, si antes de empezar a subir se entrena un poco, sube escalón por escalón al mismo ritmo. Dosificando sus fuerzas. Manteniendo la espalda recta, respirando por la nariz y dejando salir el aire por la boca, con suavidad. Pensando sólo en la meta, que cada vez queda menos para el final, cuando llegue al piso deseado aún le quedarán fuerzas y ánimos para hacer muchas más cosas. Se sentirá feliz. Disfrutará de su victoria, deseará seguir subiendo más.

Este ejemplo sencillo ilustra lo que pasa a muchas personas a lo largo de su vida.

No saben valorar las metas a medio plazo y se obsesionan con los escalones (problemas) cotidianos. Se cansan y les inunda el malhumor.

No dosifican sus fuerzas y cuando llegan ya están cansadas y desilusionadas. Son incapaces de hacer lo que tanto deseaban.

Además, no cuentan con el entrenamiento previo.

• Fíjese metas concretas a medio y largo plazo.

• Dosifique y valore el esfuerzo necesario para conseguir cada meta.

• Entrénese ensayando todos y cada uno de los requisitos necesarios para alcanzar cada objetivo.

• Una vez alcanzado cada objetivo, evalúe los pros y los contras que se ha encontrado en el camino.

En las dos páginas siguientes descubrirá tres claves que le permitirán subir los escalones de forma positiva y le llevarán a todos los pisos deseados.

La sonrisa

Observe la imagen grande de la página anterior. Seguro que la ha visto más de una vez.

Este grafismo tan simple encierra toda una filosofía imprescindible para los que desean el triunfo: LA SONRISA.

Cuando se sonríe de forma natural, todos los músculos de la cara se relajan. Es más, todos los músculos del cuerpo también lo hacen.

Se empieza a irradiar energía positiva. Una energía que los demás perciben y que les hace sentirse bien.

Muchas veces, cuando se mira al espejo, intenta averiguar a través de su rostro su estado de ánimo, "si hace buena cara".

Intente sonreir de una forma natural, sincera y relajada. Seguro que se encontrará mejor en todos los aspectos.

La sonrisa es el mejor vestido que nos podemos poner para presentarnos ante los demás, pero recuerde: ha de ser una sonrisa natural y sincera.

¿Qué pasa cuando sonríe? Que se transmiten a su cerebro una serie de ondas positivas y uno se encuentra anímicamente mucho mejor.

Aspectos curativos

Está demostrado clínicamente que al hacer reír a un paciente sus dolencias menguan e incluso a veces desaparecen. Es cierto y existen datos científicos que así lo demuestran.

Si se viste cada día con la mejor de sus sonrisas, aparte de encontrarse mejor, verá los problemas desde otro punto de vista y los encontrará más fáciles de solucionar.

Muchas veces (demasiadas) adoptamos una actitud demasiado seria y malhumorada ante circunstancias que no requieren tal postura. Nuestro organismo se resiente (muchas úlceras de estómago están ocasionadas por estados tristes o de malhumor crónico). Creemos que con una actitud muy seria y circunspecta haremos que los demás nos respeten y obedezcan. ¡Nada más lejos de la realidad!

La sonrisa soluciona problemas

Con una actitud demasiado seria lo único que estamos creando son barreras, problemas. La gente que nos rodea adopta una actitud de miedo y desconfianza. A nadie le interesa el malhumor de los demás.

Acostúmbrese a sonreir. Igual que cada mañana se limpia los dientes y se viste con la ropa adecuada para estar bien, póngase también cada mañana su mejor sonrisa.

Al observar las dos figuras, la más pequeña contrasta no sólo en tamaño sino en expresión con la más grande.

Seguro que le agrada más la figura de la sonrisa. Observándola se encontrará mejor.

En cambio, la más pequeña puede llegar a molestarle, a entristecerle.

Pero cuidado, su sonrisa no debe derivar en carcajada, a no ser en casos muy especiales y en un ambiente muy relajado.

Por otro lado, la única excepción lógica a la sonrisa es si debe tratar un tema dramático o demasiado delicado. Entonces su rostro, deberá adquirir una expresión más seria, aunque sin pasar al dramatismo.

Ensaye su sonrisa cada día. Cada mañana al despertarse. Si se encuentra en un ambiente demasiado tenso, pruebe a sonreír, observará como el ambiente se vuelve más relajado.

> **Una sonrisa es el secreto de la primera llave**

sí

no

El Sí

El Sí es la sonrisa del espíritu.

Sonreir es un acto físico que actúa en el cerebro y en su estado de ánimo. Con el Sí sucede al revés. Esta palabra encierra el concepto capaz de hacer sonreir a nuestra mente y a nuestro rostro.

Observe de nuevo el dibujo de la página anterior y la bondad del Sí. De su facilidad para ser pronunciado. De su suavidad. De su armonía. De su atractivo. El Sí abre las puertas a nuevas expectativas, a nuevos horizontes, ayudando a despejar dudas y sirviendo de impulso para superar los obstáculos.

En cambio el No es más rotundo, más seco, más molesto, más conflictivo.

Decir Sí con una sonrisa es muy fácil y natural. Por el contrario, decir No con una sonrisa natural es más difícil.

En todas sus ideas debe intervenir un Sí. Esta palabra hará que la idea se realice y, al igual que la sonrisa, debe ser un SÍ natural y sincero.

¿Qué pasa con el Sí?

Pues es muy sencillo. En su inconsciente surgen constantemente ideas positivas de las que usted "se enamora" y las transfiere al plano consciente.

Al analizarlas mentalmente es muy posible que surja la duda. Todos dudamos, aun a sabiendas del beneficio de muchas ideas que podemos hacer realidad para ser más felices. Pero muchas veces, nuestra ignorancia inicial o nuestra vagancia ponen no la duda, sino el NO, como freno.

Este freno es un lastre que nos hace ver el planteamiento de la idea que queremos conseguir como una barrera y en un corto plazo de tiempo, a veces segundos, desistimos o fracasamos.

Pero si tomamos la misma idea que creemos positiva y le cambiamos el NO por el SÍ, la mayoría de las veces el asunto cambia.

Recuerde por unos instantes el ejemplo de la escalera.

Si antes de subir piensa que NO va a poder llegar, seguro que, o no llega, o llega con demasiadas dificultades.

Fíjese en los deportistas de elite. Están físicamente muy bien preparados y días antes de su competición empiezan una fase que se denomina de concentración.

Dicha concentración, cada ejercicio, está presidido por el Sí.

Incluso décimas de segundos antes de la meta, el SÍ palpita en su mente tan rápido como su corazón. Por desgracia, si entra el NO en su mente, es casi seguro que fallarán.

El NO y los demás

Cuando se dirija al público evite el NO, o por lo menos utilícelo sólo en muy contadas ocasiones.

Construya sus frases en tono positivo y rehuya el tono negativo. Esta postura hará que sus oyentes le acepten de inmediato.

Anteponer el NO, o hablar con demasiadas frases negativas, implica problemas.

Cuando tenga que utilizar planteamientos negativos, presente enseguida la parte positiva, la posible solución del problema, la cual, con un poco de reflexión, trabajo, paciencia y buena voluntad, seguro que aparece.

Como es natural, habrá momentos en que el NO se hace necesario: NO a las drogas. NO a la guerra. NO a la destrucción de la naturaleza, etc. Pero si presenta estas ideas sin posibles soluciones o alternativas, le tomarán por un pesimista, un gafe, un amargado o un catastrofista, y supongo que ésa no es su intención.

> **El SÍ es la segunda llave que le llevará a la cima**

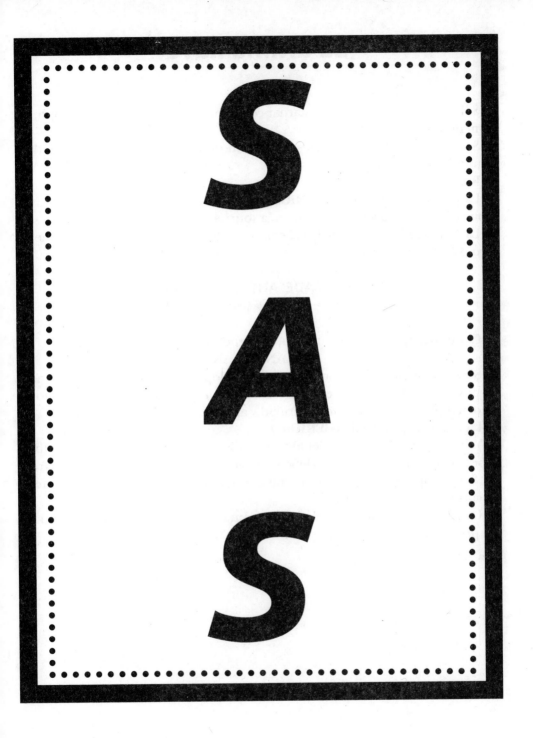

La última llave

Sólo tres letras que deberá guardar celosamente, durante mucho tiempo, en su memoria.

Son las siglas de tres resortes que harán de usted una persona aceptada y admirada por el público.

Pero, ¿qué significan?

La primera S es la de la **SONRISA**. interiorice todos los aspectos positivos expuestos en el apartado dedicado a la sonrisa.

La A es la primera letra del abecedario y usted desea también ser el primero, pero para serlo hay que avanzar

A = ADELANTE Y ARRIBA

Continuar, avanzar, con cuidado, midiendo cada paso, pero siempre ADELANTE Y ARRIBA.

Si está hablando ante su audiencia debe adoptar una postura dinámica, activa, positiva. Si en un momento determinado ha cometido algún fallo, no se preocupe, siga adelante, con seguridad y aplomo.

La última S es la de **SINCERIDAD**.

Ya le advertí al principio del libro que no debe pretender fingir ni cambiar su personalidad. Al contrario. Debe ser y mostrarse a sí mismo, con transparencia. Si trata de engañar al público fingiendo un papel que no es el suyo, éste lo descubrirá.

Usted posee una personalidad única y una manera de expresarse personal y eso precisamente es lo que su público espera descubrir.

Ejercicio:
¿Cómo utilizar las llaves?
• *Repase las veces que sean necesarias las instrucciones de cada llave, reflexione sobre cada una de ellas y añada sus conclusiones.*
Haga suyos los conceptos y ensaye.

• *Ensaye la sonrisa y compruebe sus resultados.*

• *Ensaye frases que contengan el SÍ, o pasen de ser negativas a positivas. Por ejemplo:*
Alguna de las personas NO va a entender lo que digo
por;
La mayoría de las personas SÍ van a entender lo que digo.
O;
Mi Compañía NO apoya mis decisiones
por;
SÍ, voy a buscar todos los argumentos posibles para convencer a mi Compañía para que SÍ tengan en cuenta mis decisiones.

La expresión corporal

"El hábito de un hombre proclama lo que hace,
su caminar revela lo que es"
Antiguo Testamento"

Cuando tenga que comparecer en público, además de su voz, gran parte del mensaje que emitirá emanará de su imagen personal.

La mayoría de expresiones corporales han sido adquiridas de forma inconsciente pero son grandes elementos de comunicación.

Interpretamos los gestos corporales de los demás como mensajes y conceptos más amplios y abstractos que la palabra.

Observe el trabajo de un mimo, capaz de contar una historia sin pronunciar una palabra; o una película muda. Los actores de teatro y cine conocen muy bien esos matices.

Siendo el mismo guión y las mismas palabras, una obra interpretada por un actor u otro puede ser un éxito o un fracaso, dependiendo de su expresión corporal.

Tenga en cuenta que un mensaje hablado puede engañar al público pero el lenguaje corporal, nunca.

Entender y poner en práctica de forma natural todos y cada uno de los signos corporales y su significado es una tarea difícil que se aprende a base de ensayos y observación, no obstante su conocimiento es de vital importancia.

Piense por ejemplo en la policía; un sospechoso al ser interrogado puede estar mintiendo en su mensaje verbal pero se delata por sus expresiones, gestos, dilatación de las pupilas, etc.

Los signos más importantes de la expresión corporal son:

• La expresión facial

Abarca el conjunto de todos y cada uno de los elementos localizados en el rostro. Los ojos, sus movimientos, su expresión y por lo tanto la mirada. El movimiento de las cejas. La boca en sus distintas posiciones. Los músculos faciales. La inclinación de la cabeza y sus distintos movimientos.

La cara, con sus rasgos peculiares (forma de la nariz, boca, ojos, etc.), con los detalles añadidos (peinado, barba, maquillaje, etc.) y su expresión, en el conjunto de todos sus elementos, son factores expresivos de suma importancia, capaces de enfatizar y apoyar el mensaje verbal.

• *El contacto visual*

La mirada, los ojos, y sobre todo su direccionalidad, es una de las fuerzas más importantes en la acción comunicadora no verbal.

Observar o sentirse observado condiciona el poder de comunicación y persuasión.

La mirada contiene un magnetismo y una fuerza especial, capaz de seducir, intimidar, inducir e incluso desvelar si se dice la verdad o se está mintiendo.

Cuando algo nos interesa o nos excita, nuestros párpados se abren más y nuestras pupilas se dilatan. Por el contrario, cuando algo no nos interesa, nuestras pupilas se contraen y nuestros párpados tienden a cerrarse. Todos estos movimientos oculares se realizan de forma refleja e inconsciente.

Aprender a analizar y utilizar la mirada le llevará a dominar con más efectividad el arte de la comunicación.

• *La postura general del cuerpo*

Es la posición determinada que se adopta ante diferentes situaciones. De pie, inclinado, sentado, acostado y sus diferentes variaciones.

Cada postura conlleva un significado directo con respecto al estado comunicativo del individuo.

• *Gestos y movimientos*

Son las acciones de cada elemento corporal, aislado o en conjunto, que contienen un significado consciente o inconsciente.

Piense por unos instantes en los complicados ejercicios de aprendizaje que soportan los modelos de moda; cabeza alta, caminar de una manera determinada, una mano en el bolsillo, quitarse la chaqueta, y todo ello con la elegancia precisa para captar y seducir al espectador.

Realizamos gestos y movimientos para apoyar nuestra comunicación verbal. Por ejemplo: señalar con el dedo índice un producto mientras estamos hablando de él. O mover la cabeza de izquierda a derecha mientras negamos un concepto. O elevar ambos hombros a la vez para dar a entender que desconocemos o nos importa poco alguna cosa.

Existen gestos o tics adquiridos de forma inconsciente que son muy negativos. Por ejemplo: rascarse o tocarse ante el público determinadas zonas del cuerpo. Morderse la uñas. Juguetear de forma impertinente con las llaves o el lápiz, etc.

Averigüe si tiene usted algún tic e intente eliminarlo o por lo menos no exteriorizarlo delante de los demás.

• *Distancias o territorios*

Cada ser humano establece un campo de acción en su relación con los demás. Traza un espacio imaginario donde se desenvuelve y actúa y está directamente ligado al contacto físico y a la comunicación, en el que el contacto visual juega un papel importante.

Existen unas distancias individuales generales que pueden variar según la cultura y usos sociales.

Un dato curioso que le ayudará a comprender la importancia del territorio y de las distancias puede observarse al subir en un ascensor de dimensiones reducidas, junto con alguien desconocido. Habrá sentido la sensación de lo incómodo de la situación. Al ser un trayecto corto e íntimo en un espacio muy reducido, el territorio normal se acorta. No se sabe dónde mirar y la postura se vuelve incómoda.

Observe cómo cambia esta sensación cuando viajamos en un transporte público en horas punta. El espacio suele ser mucho menor pero se acepta por costumbre social, por haber mucha más gente y el tiempo del recorrido ser más largo.

Cuando se pronuncia una conferencia, el público oyente está formando una masa compacta y delimitada por la separación de las butacas, por la disposición de las filas. Todos mantienen más o menos la misma postura y la misma dirección visual.

El conferenciante está en dirección opuesta, solo ante el público, con más territorio, movilidad y autonomía, generalmente elevado sobre una tarima o también puede estar de pie.

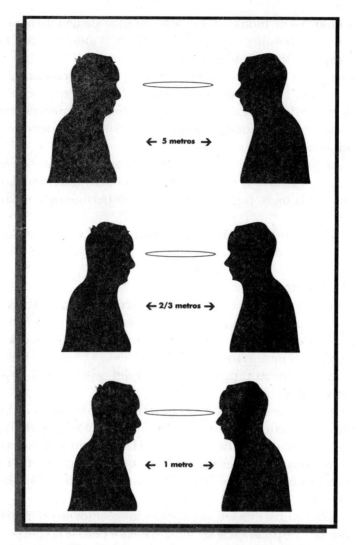

Analice esta situación. Lo que puede parecer una situación de inferioridad, en realidad no lo es.

La posición del oyente es más cómoda y ésta le confiere pasividad, le invita a dejarse llevar por la persona que está delante.

La posición del conferenciante le da una postura de superioridad y dominio de la situación.

Aunque pueda sentir ser el blanco de todas las miradas, éstas no son tan críticas como pudiese parecer.

Y hablando de miradas, la del conferenciante debe ser general y cambiante. No debe dirigirse sólo a las primeras filas o a unas personas en concreto. Debe alternar la mirada entre el público en general y por grupos. Con el efecto de la distancia, cada oyente recibirá la impresión de que es observado particularmente, lo cual sirve para reforzar el mensaje verbal.

El territorio entre dos personas es más delicado. La distancia entre sólo dos cuerpos y su correspondiente contacto visual significa "una lucha" entre dos.

En la primera figura, cuya distancia entre las dos personas es de cinco metros aproximadamente, sus miradas intentan establecer una contacto no verbal. En ella, la postura y los gestos son de gran importancia. Si existe una comunicación verbal, ésta será distante y tensa.

En la segunda figura, donde se ha acortado la distancia entre las dos personas, tanto la comunicación no corporal, como la verbal es correcta. Es la idónea para establecer una conversación de amistad entre ambas partes.

La tercera figura, donde la distancia ha disminuido aún más, refleja una situación íntima, en la que pueden comunicarse mensajes más personales.

Fíjese que en las tres figuras existe un contacto visual entre las miradas de ambos sujetos. Esta direccionalidad de miradas es importante pero no debe ser constante. Baje la mirada por unos instantes y vuelva a mirar a su interlocutor.

Si mantiene durante demasiado tiempo la mirada fija en la otra persona, ésta puede sentirse incómoda, coaccionada o amenazada. Y, atención, me he referido a bajar. No mire a otro lado girando la cabeza, o se fije en un detalle concreto de su interlocutor.

Por ejemplo: en una conversación normal, si fija la mirada en el pecho de la otra persona durante cinco segundos, ésta creerá que observa su escote, si es una mujer, o su corbata si es un hombre. Si dirige su mirada hacia el hombro de la otra persona, ésta creerá que lleva una mancha y acabará desviando su mirada hacia su propio hombro.

Puede hacer la prueba con una persona conocida. Durante un diálogo establezca un contacto visual de unos cinco segundos. Baje la mirada uno o dos segundos y vuelva a establecer contacto. Sigan dialogando y estableciendo el contacto visual.

De pronto fije su mirada en una parte del cuerpo de su interlocutor durante cinco o seis segundos. Si es necesario mueva ligeramente la cabeza hacia la zona observada.

Comprobará la reacción y el desconcierto de la otra persona.

Es aconsejable que le explique que es un experimento, ya que de lo contrario podría provocar el enfado de su interlocutor.

El lenguaje de las manos

Uno de los elementos más importantes que puede apoyar nuestro mensaje es el movimiento de nuestras manos, de los dedos y su relación con nuestro cuerpo.

Existe toda una simbología y significación en torno a las manos de cada persona:

Paraciencias que predicen el pasado, presente y futuro. Las artes plásticas han prestado una gran atención a la representación formal de las manos como vectores expresivos. La ejecución musical. La acción terapéutica de los masajes. Y el lenguaje poético de las manos.

La habilidad de las manos ha jugado un papel muy importante en el desarrollo del ser humano; ayudar a conocer el entorno por medio de la información táctil, manejar objetos, transformar físicamente el entorno, escribir, comer, acariciar.

Las manos dan ritmo a nuestro cuerpo; equilibran nuestro movimiento y complementan la expresión; mesarse el cabello, dar un puñetazo, dar impulso en la carrera, amortizar una caída.

Y, por supuesto, las manos y los dedos son las herramientas que le permitirán apuntar, señalar, acompañar, parar, dar ritmo, enfatizar y ayudar a expresar y complementar mejor partes de su mensaje verbal.

Observando las manos de una persona, podemos averiguar por su forma, estética y cuidado, a qué tipo de trabajo se dedica; manos de labrador, de cirujano, de músico.

La posición y el movimiento de las manos y los dedos constituyen por sí mismos un código de comunicación, con una fuerza expresiva propia y cuyo significado varía según las culturas.

El movimiento de las manos debe ser utilizado con cautela y precisión, sólo en aquellos momentos en que necesite poner de relieve un punto importante de su mensaje.

Mover demasiado las manos o el resto del cuerpo puede indicar nerviosismo o inseguridad, en consecuencia desvia el contenido principal de sus palabras.

A continuación verá algunos ejemplos principales del lenguaje de las manos que deberá utilizar en sus exposiciones:

• Utilización del dedo índice

Cuando necesite puntualizar o señalar algún aspecto o figura gráfica importante. Señalar con el índice a otra persona no es recomendable y a veces resulta de mala educación, por entenderse como un acto acusador o dictatorial.

Cuando la mano y el dedo índice se sitúan en posición vertical equivale a un signo de exclamación. Se pretende llamar la atención sobre el concepto que se expone en ese momento o ser taxativo con su comentario.

Cuando se sitúa la mano en esta posición conviene hacer una pausa en el mensaje oral para recalcar más el concepto.

• Juntar el dedo índice con el pulgar

Indica perfección o que algo está muy bien. Que se está de acuerdo definitivamente.

También se utiliza para dar por sentado y aprobado un concepto.

• Mover la mano con los dedos extendidos

Haga este gesto cuando tenga que efectuar un repaso rápido y general a conceptos que se presuponen ya sabidos por los oyentes y que se citan sin intención de profundizar en ellos.

• La mano tendida

Es un signo de exteriorización, de extroversión, de buena educación y de cortesía.

Si cuando hablamos tendemos una o ambas manos con las palmas hacia arriba, en dirección desde nuestro cuerpo hacia fuera, estamos ofreciendo, de una forma sincera y cordial, nuestros conceptos.

Es un gesto que también se utiliza para ceder el paso o la palabra a nuestro interlocutor.

• El stop

Este gesto indica pausa, parar, cortar, impedir el paso o la intervención oral.

He mencionado con anterioridad que en un coloquio o en una charla es necesario dejar terminar de hablar a los demás, sin embargo, en una discusión, puede ser necesario hacer un inciso o una aclaración en un momento determinado a su interlocutor.

También puede ocurrir que la otra persona intente interrumpirle.

Poner la mano en esta posición, frenará automáticamente a la otra persona. Es un acto reflejo que le permitirá volver a tomar la palabra o reconducir el tema. Utilice este recurso sólo en circustancias determinadas.

• La disculpa

Cuando las palmas de la mano se juntan en la forma que muestra la fotografía, se pretende conseguir del público su disculpa, su perdón o aceptación.

Este gesto tiene una gran fuerte carga simbólica. En muchas religiones, no solamente la católica, es el gesto de oración, sometimiento o reflexión espiritual.

Realice este gesto con humildad y pidiendo disculpas ante cualquier error cometido, o como agradecimiento, con sinceridad. El público sabrá aceptarlo de inmediato y se ganará su confianza. En países asiáticos es una forma de saludo y bienvenida.

Si su interlocutor sitúa las manos en esa posición, ante su rostro y con los brazos apoyados sobre la mesa, significa que le está prestando atención. Debe entonces establecer un contacto visual prolongado, ya que en ese instante tendrá que dominar la situación. En el momento que cambie de posición, significará que ha entendido todo lo que usted ha dicho y es posible que se prepare para intervenir. Cédale entonces la palabra o pregunte su opinión.

• La mano ante la boca

Este es un gesto importante de alerta para conocer el grado de interés de nuestro interlocutor y tiene dos significados opuestos. Debe prestar mucha atención cuando la persona a la que está hablando realiza este signo externo.

Por un lado puede significar que le está prestando interés y que intenta entender lo que está escuchando, está receptivo. Ésta es la parte positiva. Normalmente los dedos están delante de los labios.

Pero, ¡atención!: Si su interlocutor permanece mucho tiempo en esta postura y sus dedos están tapando sus labios, significa que se está aguantando las ganas de responderle, que le está dejando hablar demasiado y que, de un momento a otro, va a rebatir o a contraponer algún concepto o que simplemente desea acabar cuanto antes. Si observa este signo, abrevie.

Es un signo de alerta al que debe prestarse atención, ya que nos indica que nuestra conversación no va por buen camino.

Dar la mano

Estrechar la mano significa tocar al interlocutor y establecer también un territorio. Es uno de los signos de comunicación no verbal más importantes que le recomiendo ensaye y perfeccione.

La distancia y el rito de estrechar la mano varía según el rol, el status y la cultura de los interlocutores.

Cuando se estrecha la mano, se recibe información táctil. La fuerza, la temperatura, la textura, la sensualidad. Todo de manera inconsciente pero que contribuye a formar una imagen ideal de la otra persona.

Sus manos deberán estar cuidadas, secas y, por supuesto, limpias.

Hay personas a las que les sudan las manos y sobre todo cuando están nerviosas. Si es éste su problema, le recomiendo adquiera un producto para combatir este síntoma.

Un pañuelo en el bolsillo puede ser un inmejorable "secante", instantes antes de estrechar la mano.

Este primer contacto es como un cruce de fuerzas que pueden delimitar la relación, ya que el equilibrio entre las diferentes intensidades y sensaciones a la hora de estrechar la mano expresa inconscientemente la fuerza expresiva de cada una de las personas.

Evite dar la mano de forma excesivamente blanda o excesivamente fuerte.

Hágalo de forma natural y apretando la otra mano con una fuerza media/normal. Son instantes para medir intensidades/sensaciones.

Debe pretender establecer una comunicación sincera y natural, en igualdad de condiciones.

Las personas que "dejan" la mano, sin ninguna o con una mínima presión, reflejan una personalidad pasiva, dispuesta a dejarse influir, floja, o que muestran poco interés ante nuestra presencia.

El punto opuesto lo encontramos en esos brutos que aprisionan nuestra mano con excesiva fuerza, haciéndonos incluso algunas veces daño; comunican precisamente eso: brutalidad, agresividad, prepotencia o un intento de abusar de los demás. Vienen a vendernos algo o intentan demostrar que son obstinados y difíciles de convencer.

Otro ejemplo a evitar consiste en tender la mano con la palma hacia abajo. Es un acto de prepotencia y dominio excesivo. La otra mano queda debajo, a merced de la otra persona.

Cuando le tiendan la mano de esta manera, establezca el contacto pero realice un ligero, aunque contundente giro de muñeca, para establecer la verticalidad de ambas manos. Este pequeño "toque" establecerá igualdad desde el primer momento.

Cuando estreche la mano, establezca contacto visual con su interlocutor y sonría (a menos que se trate de dar el pésame en un entierro o de un acto luctuoso) y procure ser el último en soltar la mano, sólo por un instante.

El primer paso para la comunicación personal ya esta dado. Si quiere dominar la situación y a la vez expresar cordialidad a la hora de estrechar la mano hágalo de la forma siguiente:

Tienda la mano a su interlocutor y cuando la esté estrechando, con la mano izquierda, toque ligeramente el antebrazo de la mano derecha de la otra persona, reteniendo un poco más la mano de su interlocutor; sonría y salude, estableciendo un contacto visual directo. Esta forma de actuar es muy recomendable cuando "se recibe" a otra persona a la cual se conocía bien por referencias o bien porque ya había tenido usted un contacto anterior.

No utilice esta técnica de saludo en el primer encuentro.

El vestir

La historia en la evolución del ser humano conlleva unas características intrínsecas en su forma de vestir. Y de hecho es el único animal que elije su vestuario.

El vestido surge en nuestros primerísimos antepasados como una necesidad de protegerse de las inclemencias climáticas y se perfecciona en su elaboración y manufacturado, diversifica y simboliza, en proporción directa al desarrollo cultural y social.

Siempre han existido clases sociales que se diferencian exclusivamente por su forma de vestir: religiosos, militares, castas, reyes, etc.

En la actualidad existe todo un mundo y una industria de consumo de la moda que nos condiciona y también clasifica, según las prendas con las que nos vestimos.

Tanto las prendas que nos ponemos como los objetos que nos adornan (reloj, gafas, pendientes, pluma, etc.) son signos externos que también comunican, que denotan nuestro estado social, nuestro buen gusto y nuestro sentido estético, y deberán estar en consonancia con el contexto en el que hayamos de desenvolvernos.

La manera de vestir debe estar en un perfecto equilibrio entre nuestra forma de ser y pensar y la forma de ser y pensar del público al que nos dirigimos, ya que cada prenda posee un signifcado comunicativo intrínseco y especial.

Nos vestimos para nosotros, pero también para los demás

Si es usted un artista o de profesión liberal y creativa, las licencias en su vestuario serán mucho más amplias que si es un ejecutivo representante de una multinacional de productos técnicos.

Un pintor, un músico, un escritor o un actor, tienen una personalidad muy definida y el público les perdona ciertas extravagancias en su indumentaria. No obstante, también estas personas, en determinadas ocasiones, se ven obligadas a cumplir ciertos requisitos en su manera de vestir para estar en concordancia con el acto al que deben asistir (entrega de premios importantes, recepciones oficiales, etc.).

Pero si usted es una persona que no pertenece al grupo antes citado le recomiendo que siga los siguientes consejos a la hora de elegir su vestuario:

• Su vestuario deberá estar acorde con el contexto de su intervención y evitará tanto estar por encima como por debajo de las circunstancias.

• Deberá prestar atención a su vestuario e intentar no aparentar más de lo que realmente es, ya que este tipo de trucos acaban notándose a corto plazo.

• No elija un vestido o traje demasiado lujoso, si el público al que se ha de dirigir es de un nivel adquisitivo bajo o el tema a exponer está en contraposición con su atuendo: hablar de la miseria en el tercer mundo, portando joyas. O de la defensa de la naturaleza portando pieles.

• Por el contrario, dar una charla en una fundación importante y acudir con pantalones tejanos y cazadora de cuero no resulta demasiado adecuado.

En resumen, todos y cada uno de los elementos antes citados deben estar equilibrados con el resto. No se trata de que aprenda movimientos, ni gestos ni muecas nuevas, sino que estudie sus características y trate tan sólo de eliminar, corregir o educar todos aquellos posibles signos negativos de su expresión corporal, utilizando el resto de forma natural.

Ejercicios:

• *Observe con detenimiento los dibujos de esta página, correspondientes a la expresión facial.*

Existen muchos más, pero estos son los más representativos.

Están ordenados de forma escalonada. Empieza por la carcajada y alegría extrema y acaba por el enfado y el malhumor, pasando por diferentes sonrisas, muecas y estados de ánimo.

La figura central y aislada corresponde a la expresión neutra e inexpresiva.

Intente imitar las expresiones ante un espejo. Busque matices y variantes. Intente hacerlo de forma exagerada. El objetivo es que reconozca y ensaye sus expresiones.

• *Ensaye con otra persona el acto de estrechar la mano.*

Busque intensidades, matices, tiempos.

Empiece a observar, desde hoy mismo, cómo le estrechan la mano otras personas y saque sus propias conclusiones.

• *Establezca un estilo propio en el vestir. Analice su vestuario e intente buscar una unidad que le identifique.*

Cuando tenga que comprar nuevas prendas, intente que estén en concordancia con las que ya posee.

Déjese aconsejar por alguna persona de confianza en cuanto a su estilo de vestir. Es conveniente estar informado de las tendencias, colores y estilos pero sin dejarse llevar por las modas demasiado extravagantes ni, por supuesto, demasiado conservadoras.

El miedo y los nervios

*"Quien no siente su enfermedad
es quien está más enfermo"*
Corneille

Con toda seguridad, una de las razones principales que le han impulsado a comprar este libro ha sido la búsqueda de una solución al pánico y a los nervios que le produce hablar en público.

El sentido del ridículo y la inseguridad son malos compañeros, y de ellos somos presa la mayoría de personas, unas más y otras menos, pero muy especialmente los europeos latinos.

En primer lugar ha de saber que el público que acude a escucharle lo hace motivado y preparado para aprender algo nuevo y diferente, lo cual ya es un tanto a su favor.

Y en segundo lugar, sentir nervios o el "trac", cómo se le conoce técnicamente, es natural e incluso beneficioso.

Por muchas conferencias que realice a lo largo de su vida, siempre, minutos antes, sentirá una extraña sensación en el estómago y sus palpitaciones subirán de ritmo. Pues bien, ESO ES NORMAL Y POSITIVO.

Es normal porque cada cual siente la responsabilidad y la necesidad de hacer las cosas bien, de sentirse en armonía; y es positivo porque el aumento de adrenalina servirá para estimular las neuronas en su cerebro haciendo que sus ideas surjan con mayor brillantez y apasionamiento.

Seguro que habrá oído a actores de teatro o a futbolistas comentar los nervios que sienten minutos antes de su intervención.

Una vez en el escenario y pronunciadas las primeras palabras, o en los primeros minutos del partido, los nervios desaparecen y empieza a desarrollarse sus actuaciones con mayor o menor éxito según su preparación.

Los nervios iniciales le darán el empujón necesario

para comenzar y si ha preparado con método su intervención, tenga la seguridad de que todo irá bien.

El día en que antes de una intervención en público, no sienta ese hormigueo en el estómago y esa excitación, empiece a plantearse su cometido. Hablará por rutina, de una manera demasiado mecánica. Le faltará esa fuerza de comunicación, "esa chispa", y el público lo notará.

En las primeras intervenciones, existen personas cuyo sistema nervioso puede estar alterado, o sufrir de alguna fobia que pueda impedirles presentarse en público por primera vez. Mi recomendación para estas personas, que repito son casos mínimos, es que asistan a un psicólogo y le expliquen el problema. En muy pocas sesiones el problema habrá desaparecido.

El caso extremo es el "quedarse en blanco", no saber qué decir. Es un caso muy extraño, que puede suceder muy pocas veces y cuyo origen es fisiológico. No tiene nada que ver con su mayor o menor preparación, ya que he visto a personas "con muchas tablas" que un día determinado no pueden ni articular palabra.

Le vuelvo a repetir que de cada dos mil casos puede pasar una vez, lo mismo que al subir la tarima puede tropezar y romperse una pierna, igual.

Si esto le sucede, sea sincero. Mire al público y diga la verdad: "señoras y señores, lo siento, pero con la emoción (o por los nervios) me he quedado en blanco. Les ruego me disculpen. Gracias".

Si se trata de un homenaje o un discurso corto, tal sinceridad pondrá al público de su parte y si ha sido sincero, recibirá los mejores aplausos de su vida.

Si se trata de una conferencia, diga lo mismo pero añadiendo que está indispuesto. Salga de la sala y beba un poco de agua. Con seguridad que a los pocos minutos ya habrá reaccionado. Entonces vuelva a entrar y continúe su intervención. El público se habrá solidarizado con usted y comprenderá su indisposición.

Si, por el contrario, el bloqueo continúa, pida a alguien de la organización o de confianza que le excuse ante el público y aplace su intervención para otro día.

Todos estamos expuestos a este trance, pero el público es mucho más comprensivo de lo que a menudo se cree, y en situaciones como ésta, sabe comprender y disculpar de inmediato.

Las recomendaciones para combatir lo que llamaré el "trac normal" de las primeras intervenciones son las siguientes:

• Si su intervención se ha de efectuar después de una comida o cena, no coma demasiado. El exceso de comida le hará sentirse pesado y le restará agilidad y reflejos.

• No beba mucho líquido y procure ir al servicio antes de su intervención, sobre todo si ésta ha de ser algo extensa. Los nervios en algunas personas aceleran la frecuencia natural de evacuación.

• No beba alcohol nunca antes de una intervención. El alcohol es una droga y aumenta su peligrosidad si se utiliza como atenuador nervioso.

Inicialmente, una o dos copas pueden darle una sensación de relax y euforia, pero los demás pueden captar de manera diferente esas copas de más, y pueden hacer sus ideas incoherentes y repetitivas, restándole capacidad intelectual.

• Unos ejercicios de relax: antes de empezar vaya a un reservado o al servicio y respire con fuerza de quince a veinte veces, aspirando por la nariz y soltando el aire por la boca. Con fuerza. Si le tiemblan las manos, ábralas y ciérrelas con energía unas diez veces. El temblor desaparecerá.

• Tome una infusión relajante antes de empezar (tila con poleo, por ejemplo) y rehuya el café y las bebidas con cafeína, si nota que actúan sobre su sistema nervioso como excitante. Hay personas a las que el café y sus derivados no les afectan, pero es una minoría.

• En algunos casos, si su pánico es muy intenso, es recomendable acudir a su médico y explíquele su estado. Le recetará un ansiolítico que aminorará su estado de excitación.

Atención: La ingestión de este tipo de medicamentos no encierra ningún peligro siempre y cuando estén recetados y supervisados por un médico. Nunca tome ninguna pastilla porque se la ha dado algún conocido que las toma. A esa persona pueden serle útiles pero para usted los resultados pueden ser muy peligrosos.

En resumen, los nervios iniciales antes de una intervención en público son positivos y naturales. Yo, personalmente, los siento antes de cada intervención y me sirven de motor para empezar mi locución.

Pocos minutos después del comienzo, los nervios desaparecen. Recuérdelo para próximas intervenciones y véalo como algo natural.

Observará qué, a medida que su experiencia aumenta, los nervios negativos y el miedo desaparecerán.

Normas básicas protocolarias

A estas alturas, y según los usos de la sociedad actual, parece que al hablar de buena educación o de urbanidad, nos referimos a unos conceptos que están desfasados o por lo menos suenan anticuados, de personas demasiado refinadas.

La buena educación parece ser un don inherente en cada persona que cada uno de nosotros da por sabido y que aplicamos con regularidad. ¡Nada más lejos de la realidad!

El concepto de "buena educación" consiste en un conjunto de reglas de comportamiento de relación social que varían con el tiempo y con la sociedad y que permiten al individuo relacionarse con los demás de una manera cordial.

Las normas para "saber estar" que aquí se describen no hacen referencia al alto protocolo que rige en las relaciones con altos mandatarios o jefes de estado. De estas reglas tratan otros libros mucho más extensamente. Aquí, sólo encontrará todas aquellas normas que son de uso cotidiano y que le ayudarán a reforzar su imagen a la hora de hablar en público. Muchas de ellas son de sentido común, pero estoy seguro que por ser tan usuales no se aplican con la asiduidad que sería necesaria.

El tratamiento

Tratar de "USTED" a los demás es una de las primeras reglas de la buena educación en la comunicación. No importa el rango ni la edad de nuestros interlocutores; el tratamiento de "USTED", delimita su territorio con respecto a las otras personas e implica respeto.

El tratamiento de "TÚ" sólo debe utilizarse si la otra persona lo pide expresamente.

Desconfie de las personas que a la primera de cambio le "tutean". Pueden ser "escaladores" que por medio del "tuteo" intentan ganarse su confianza con demasiada rapidez.

Seguro que habrá observado "tuteadores" en alguna reunión que utilizan el "TÚ" a diestro y siniestro. Intentan dar a entender que tienen una gran amistad, que son muy conocidos por los demás. La mayoría de veces puede ser una trampa que tarda poco en descubrirse.

El tratamiento de "Señor" y "Señora"

Lo mismo que el "usted", el tratamiento de "señor" (o de "señora") acompañado del nombre y del primer apellido debe utilizarse con más asiduidad de la corriente.

Una vez establecido el primer contacto deberá tratar a su interlocutor con el tratamiento de "señor" (o "señora") junto con el apellido si se trata de un superior o de una persona mayor.

Cuando se trate de una persona de su misma posición social o de edad similar podrá utilizar el "señor" (o "señora") junto con su nombre de pila.

Recuerde: salvo contadas excepciones, siempre de "usted" o de "ustedes".

En España, el tratamiento de "señorita" para las mujeres no es correcto. Denota discriminación en cuanto al estado civil de la mujer, por lo que le recomiendo que lo sustituya directamente por el tratamiento de "señora", aunque se trate de una mujer joven.

Y hablando de jóvenes; como excepción, si sus interlocutores no sobrepasan los veinte años, puede tutearlos, pero siempre pidiendo permiso al iniciar su intervención o en la primera toma de contacto: "Si no os importa, y viendo vuestra magnífica edad, os trataré de "tú" para no sentirme tan mayor, por supuesto, vosotros también podéis tutearme". Esta introducción "rompe el hielo" ante un público juvenil al que puede no gustarle que se le trate con un tratamiento de adulto.

El nombre individual

El nombre de sus interlocutores es la "música celestial" que le permitirá en determinados casos captar toda su atención.

En casi todas las relaciones humanas en las que pretenda mantener un trato social cordial y amistoso, pronuncie el nombre de su interlocutor cada vez que se dirija a él, independientemente del tratamiento (de "usted" o de "tú").

Deberá memorizar el nombre y su correcta pronunciación de todas aquellas personas a las que le interese comunicar su mensaje.

Observe los siguientes matices: "Usted debería venir a visitarme".

Por:

" Señor Alejandro, debería venir a visitarme".

Introducir el nombre de la otra persona en su mensaje lo hace más personal, más directo y único.

En los buenos hoteles, restaurantes o gabinetes de relaciones públicas, cada responsable del trato con los clientes, sabe de la fuerza que otorga personalizar con el nombre propio cada frase.

El saber escuchar

Ésta es otra de las premisas que deben estar presentes en su conducta y es una de las piezas clave de la comunicación.

No interrumpir a su interlocutor es un signo de buena educación.

Recuerde estas frases:

"Para saber hablar y comunicar, primero hay que saber escuchar".

Y "no hay peor sordo que el que no quiere oír".

Por supuesto que si su intervención tiene lugar ante un auditorio de cien personas, usted será el único orador durante algún tiempo, pero aun así, algún asistente puede realizarle alguna pregunta. O antes de su intervención algunas personas pueden hacerle algunas observaciones; en ambos casos, escuche.

Escuchar significa entender las necesidades, opiniones e inquietudes de los demás, lo que le permitirá adaptar sus objetivos a los del oyente.

Cuando tenga que hablar en una reunión de negocios ante unas cuantas personas, o bien presentar las cualidades de algún producto a posibles compradores, realice una corta presentación y deje que sus interlocutores opinen al respecto; y cuando éstos lo hagan, escúchelos, estableciendo contactos visuales periódicos, y déjelos siempre terminar su intervención, NUNCA INTERRUMPA, aunque no tengan razón.

Una vez su interlocutor haya terminado, realice una pausa de dos o tres segundos antes de empezar a hablar.

Si su interlocutor le interrumpe de nuevo, déjele hablar. No se ponga nervioso. Debe dominar la situación. La otra persona (la que le interrumpe constantemente) está en desventaja. Actúa con poca educación y pretende, de forma obstinada, tener la razón para hacerle claudicar.

Si permanece atento, relajado y escuchando, pero siempre sin seguir el juego de su interlocutor, en poco tiempo ganará la batalla. Tranquilo.

Después de tres o cuatro interrupciones y habiendo cedido la palabra varias veces, puede indicarle con amabilidad pero con firmeza: "Por favor, déjeme terminar de hablar". Su interlocutor, ha estado atento, se habrá dado cuenta de que no ha hecho más que interrumpir y bajará la guardia. Entonces, deberá abreviar y exponer todas sus razones, pero siempre evitando entrar en acaloradas discusiones.

Las palabras

Más adelante conocerá las peculiaridades del lenguaje y de las palabras adaptadas a la comunicación, pero aquí quisiera hacer referencia a un concepto singular:

La fuerza de la palabra

Recuerde que la palabra es una de sus mejores armas, tanto para comunicar como para persuadir a sus interlocutores. Usted debe tener como meta constante el enriquecimiento de su vocabulario, incorporando día a día nuevos vocablos y eliminando paulatinamente todos aquellos cuyo significado sea vulgar, ordinario o repetitivo.

No se canse en indagar y buscar las palabras que mejor definan sus ideas y conceptos y aconstúmbrese a utilizarlas.

Un buen compañero que siempre hay en mi mesa de trabajo es

Un diccionario de sinónimos y antónimos

Le parecerá que este tipo de libros pertenece a su época de colegial. No se engañe. Aprender cada día nuevas palabras para reforzar sus mensajes es un signo importante de cultura.

Evite su mal genio y perder los estribos. Si su personalidad es fuerte e impulsiva deberá aprender a controlar en cada momento su vocabulario. Evite siempre las palabras mal sonantes, los tacos y sobre todo el insulto personal. Tenga en cuenta que la buena educación le dará credibilidad y afianzará su imagen ante la mayoría de sus oyentes.

Las palabras malsonantes en expresiones coloquiales deben ser abolidas dentro de la conversación. Elimínelas de su lenguaje. Las personas que ya le conocen pueden no darle importancia y estar acostumbradas pero aquella persona que le escuche por primera vez puede sentirse incómoda y ofendida al escuchar determinadas expresiones.

El insulto o la palabra malsonante resultan ser una válvula de escape en momentos de tensión o un recurso coactivo en aquellas personas que, sin tener la razón, la pretenden utilizando este tipo de palabras.

Observe alguna de las muchas charlas-coloquios y debates que se ofrecen por televisión o por radio. En muchas de ellas (quizás demasiadas) abundan las palabras malsonantes o tacos y los enfrentamientos demasiado acalorados por parte de algunos de sus participantes. El espectáculo es bochornoso y de mal gusto. No obstante, eso es lo que buscan los medios de comunicación: programas de bajo contenido cultural e informativo, que sólo pretenden provocar el escándalo en el espectador.

¿Quiere usted formar parte de "ese selecto grupo"?

Por supuesto, supongo que no.

Debe saber utilizar el significado justo y real de ciertos vocablos que en principio pueden resultar malsonantes pero que definen el concepto exacto al que desea hacer referencia.

No sea rebuscado ni "cursi". Si tiene que decir, por ejemplo, "culo" porque desea hacer referencia a esa parte concreta del cuerpo, no diga "pompis", ni "pandero", ni "culito", ni otras lindezas por el estilo.

Existen muchas palabras que utilizadas fuera de contexto suenan mal, pero si son correctamente utilizadas para expresar un concepto serio y real, simplemente son válidas.

Le consejo que utilice el diccionario en caso de duda, para averiguar los diferentes sinónimos de la palabra a utilizar. Si el término elegido es el correcto, el que mejor define el concepto, utilícelo sin rubor y con naturalidad.

Otro tipo de palabras utilizadas con frecuencia y que, sin ser tacos, son de utilización incorrecta, son los denominados "latiguillos".

Se trata de palabras o frases que se repiten en las oraciones de una manera redundante, repetitiva, sin contenido ni originalidad.

Se utilizan normalmente para afianzar conceptos al final de una frase, o bien para enlazar un concepto con otro. Pasan a formar parte de nuestro vocabulario de forma accidental e inconsciente, y son un lastre que despista y empobrece el mensaje global.

Para utilizar las palabras correctas, deberá hacerse una idea general del nivel cultural de sus receptores y adaptarlas a dicho nivel.

Utilizar palabras rebuscadas le hará parecer pedante.

Utilizar palabras demasiado técnicas, ante un público poco entendido en la materia, irá en detrimento de la comprensión del contenido de su mensaje.

Utilizar un lenguaje vulgar y chabacano irá en detrimento de su imagen.

El saludo

Es un rito que varía según las sociedades y las culturas y que posee una gran importancia en las relaciones humanas. Es la llave que abre y cierra todas las comunicaciones verbales.

Según el Diccionario de la Real Academia de la Lengua Española, SALUDAR es "dirigir al otro, al encontrarlo o despedirse de él, palabras corteses, interesándose por su salud o deseándosela..."

Por supuesto, de la definición del diccionario lo más importante se refiere a "las palabras corteses". Salvo en muy contadas excepciones, la idea de interesarse por la salud de la otra persona, o deseársela, queda un poco desfasada y fuera de lugar, y proviene de la raíz de la palabra saludar, del latín *"salutâre"*, que implica "salud".

Y el diccionario sigue "Usar ciertas preces y fórmulas echando el aliento o aplicando saliva para curar y precaver la rabia u otros males, dando a entender el que lo hace que tiene gracia y virtud para ello...".

¿Se ha fijado en esta última definición?

Por supuesto que no se trata de ensalivar ni aromatizar con nuestro aliento a nuestros rabiosos interlocutores. Pero encierra la idea arcaica y mágica del saludo como acción benéfica capaz de hacer positivas nuestras comunicaciones.

Vuelvo a repetir que según la sociedad y las circunstancias el saludo varía, por lo que es conveniente que conozca de antemano las costumbres de sus interlocutores.

En nuestro país un "¡Buenos días, Señor Pérez!, ¿Cómo se encuentra? ¿Bien? ¡Me alegro!" o un simple, "¡Buenos días!", con tono positivo, estableciendo un contacto visual, un apretón de manos sincero y la sonrisa en su rostro, es una buena forma de iniciar una conversación.

Y, además, no tan sólo para iniciar la conversación, sino también cuando llegamos a nuestro puesto de trabajo, o incluso en nuestro hogar, un "¡Buenos días!", sincero y cordial, puede alegrar el día a los que le rodean.

Conozco a muchas personas que a diario me saludan toscamente, con mal humor o con timidez, sin siquiera dirigirme una mirada y mucho menos una sonrisa. Por supuesto, supongo que no tienen nada en mi contra. Simplemente toman el saludo como una rutina, no prestándole la importancia que éste posee, lo cual no dice mucho a favor de sus dotes para comunicarse con los demás.

A la hora de despedirse utilice también las mismas normas de cortesía y educación, con un "muchas gracias por su atención. Hasta la vista/Hasta pronto", por ejemplo, dejan muy claro su grado de educación. Incluso aunque durante la comunicación las cosas no le hayan ido demasiado bien, una despedida cordial puede cambiar muchos de los aspectos negativos que por cualquier circunstancia se hubiesen producido.

Procure ser correcto y cordial en sus despedidas, intentando "no cerrar jamás las puertas" a otro posible encuentro.

La presentación

Después del saludo, y si es la primera vez que se entrevista con otras personas, deberá presentarse. Darse a conocer.

La presentación personal debe ser corta, clara y concisa, para que sus interlocutores le identifiquen y conozcan de inmediato.

Tras el saludo cordial y el apretón de manos (o incluso durante el mismo), comunique a la otra persona su nombre y apellidos. A continuación, el nombre de la empresa o institución a la que representa y el objetivo principal de su visita o intervención, resumido en muy pocas palabras.

Si se trata de una entrevista de negocios o ventas, ante tres o cuatro personas y mientras efectúa su presentación, deberá entregar a cada una su tarjeta personal, a lo cual sus interlocutores debieran corresponder con las suyas.

Con este rito lo que debiera quedar muy claro desde el principio, es el nombre y apellidos, tanto el suyo como el de sus interlocutores.

No se avergüence preguntar EXACTAMENTE cómo se pronuncia el nombre de algún interlocutor si éste le resulta de difícil pronunciación. La persona preguntada se sentirá alagada por su interés.

En movimiento

Cuando llegue a dar su primera charla o entrevista de negocios, su manera de caminar y moverse indicarán su grado de confianza, profesionalidad y educación. Camine con paso firme y seguro. Ni demasiado rápido ni demasiado lento.

Atención al "taconeo"; al pisar con firmeza, según sea la suela de sus zapatos, puede causar un sonido "militar", brusco y desagradable. Procure caminar con la parte delantera del pie, sin dar taconazos en el suelo. Pero tampoco "de puntillas", como una bailarina.

Debe evitar que sus pasos sean oidos en varios metros a la redonda.

La persona que saldrá a recibirle debe indicarle el lugar de la reunión y caminará un poco más adelantada que usted para servirle de guía.

Cuando llegue a la puerta, la otra persona deberá cederle el paso, para que entre, tanto si es una mujer como si es un hombre.

Recuerde este detalle: si usted es el que domina el territorio, deberá guiar a su visitante y antes de entrar en la estancia deberá cederle el paso, sin distinción de sexos.

Por el contrario, si el terreno es común a dos personas de sexos opuestos, el hombre siempre cederá el paso a la mujer por educación y cortesía.

Sólo existen dos excepciones:

1ª. Cuando esté en un ascensor y sean varias las personas que deban salir. Lo hará primero la persona que esté más cerca de la puerta sin distinción de sexo.

2ª. Cuando tenga que bajar unas escaleras o apearse de un transporte público, el varón pasará primero y si es preciso tenderá la mano para ayudar a la mujer. Este último caso también dependerá de la edad de la mujer. Si es joven y de excelente agilidad, no será necesaria nuestra ayuda, pero sí la cortesía de adelantarse.

Una vez en el lugar de la charla o entrevista, permanezca de pie y no tome asiento hasta que se lo indiquen. No elija el puesto principal a no ser que sea el conferenciante. Si se trata de una mesa redonda u ovalada, no escoja el asiento más alejado de su interlocutor.

Si se trata de una mesa de despacho con dos sillones, elija entonces el que tenga más visibilidad directa con la persona que se sentará enfrente.

Muchas veces, y debido al poco espacio, la mesa dispone a un lado de una lámpara de brazo o un ordenador; elija la silla contraria para poder establecer de una manera cómoda los contactos visuales con su interlocutor.

Una vez sentado, no se acomode ni repantingue demasiado en su sillón, permanezca sentado hacia fuera y con la espalda recta.

Recuerde esto: Los asientos habituales de un despacho tienen truco. El sillón "del dueño" del despacho suele ser más confortable y estar a una altura mayor que los asientos de los visitantes. Esta diferencia de altura confiere al visitante una sensación de inferioridad (está más bajo), por lo que es muy importante mantenerse erguido y con la espalda recta. Esta posición equilibrará la relación con la otra persona.

Ante una mesa de juntas podrá poner los brazos sobre la mesa y depositar en ella parte de sus objetos personales (bloc de notas, catálogos, pluma, etc.), trazando su territorio personal, pero sin pasarse.

Si, por el contrario, es recibido en un despacho, sus brazos, ni ningún otro objeto de su pertenencia, invadirán nunca la mesa, exceptuando que haya de mostrar un catálogo o algún documento. Si se ve obligado a hacerlo por falta física de espacio, pida permiso para hacerlo.

Para dar una charla ante varias personas permanezca de pie el máximo tiempo posible. Que todo el público le vea. Nunca hable de espaldas (por ejemplo mientras escribe en la pizarra).

Estar de pie es una posición privilegiada, le confiere mando y superioridad ante los demás, pero, atención: no se mueva demasiado, ni vaya de un lado para otro.

La puntualidad

Éste es un punto muy importante en su relación con los demás y le compadezco si no forma parte de sus hábitos.

Recuerde que "el tiempo es oro". Todos tenemos poco tiempo y nos gusta aprovecharlo al máximo.

Hay personas maniáticas de la puntualidad (entre las que yo me encuentro) a quienes esperar diez o más minutos a otra persona les supone tener que interrumpir otros asuntos, tanto laborales como de ocio. En diez minutos se pueden hacer muchas cosas, ¡y además el tiempo es mío!

Cuando por fin llega la persona esperada, le aseguro que la predisposición, animosidad y ganas de escuchar menguan en proporción directa al tiempo de retraso.

Alguna vez he llegado tarde porque la cita anterior a mi compromiso ha sido impuntual. Conclusión: evitar entrevistas que nos hacen ser impuntuales.

Hablar de puntualidad significa hablar de tiempo, pero, lo que es más importante, de su tiempo y del de los demás.

Ser puntual significa:

> **SER ORDENADO**
> **SER PRECISO**
> **SER SERIO**
> **SER PROFESIONAL**
> **SER RESPONSABLE**
> **SER EDUCADO**

Todas las personas que conozco y que normalmente no son puntuales, que por norma llegan diez, quince o ¡treinta minutos tarde! son personas desorganizadas, poco profesionales o maleducadas.

Cuando concierte una hora determinada con otra persona deberá:

PREVER CON ANTELACIÓN TODOS Y CADA UNO DE LOS PASOS QUE DEBERÁ EFECTUAR PARA SER PUNTUAL

Así, deberá prever con antelación suficiente:

- *El tiempo necesario para el desplazamiento y sus posibles incidencias.*
- *Si es la primera vez que acude a esa cita, consulte un mapa o una guía para conocer la ubicación exacta del lugar.*
- *Preparar todo el material necesario para su presentación.*
- *El tiempo necesario para su "puesta a punto personal".*
- *Tener un despertador y un reloj precisos y fiables.*

Si tiene que dar una charla o una conferencia deberá llegar por lo menos treinta minutos antes de la hora convenida (si es la primera vez, le recomiendo una hora de antelación) comprobar la sala y que todos los elementos necesarios están en su sitio y funcionan correctamente.

Si se trata de una entrevista de negocios, con cinco minutos de antelación es suficiente. Si llega mucho antes dará a entender que no tiene otra cosa que hacer.

Tenga en cuenta que la persona que le recibe también debe estar ocupada. Si es una persona puntual, dejará de hacer su trabajo para atenderle como se merece. Si llega tarde, aunque sólo sean diez minutos, la otra persona tendrá la sensación de haber perdido su tiempo y su predisposición para atenderle será negativa.

Existen personas que creen que llegar tarde reporta importancia. Le aseguro que están equivocados.

Cualquier persona se merece un respeto y éste empieza por la puntualidad.

He conocido clientes que hacen esperar una, dos y hasta cinco horas a sus proveedores (sobre todo si venían a cobrar o a negociar). Esta larga espera, aparte de ser un signo de despotismo y menosprecio a los demás, persigue "bajar la guardia del que espera" y a la hora de ser recibido es capaz de hacer cualquier concesión en la negociación o incluso irse sin cobrar; ¡lo que sea con tal de salir pitando!

No obstante, el que actúa así no se da cuenta de que jamás contará con la confianza de sus colaboradores y se arriesga a no obtener los mejores resultados.

Otras personas son impuntuales por falta de entrenamiento; "el tráfico, el despertador, se olvidan la cartera, las llaves (y tiene que volver a medio camino), empiezan su arreglo personal con poco tiempo de antelación e incluso no preven sus necesidades fisiológicas y siempre, (digo

SIEMPRE) llegan tarde y nerviosas. Le prometo, lector, que conozco a varias personas que actúan de esta forma, y puedo asegurarle que aunque sean personas encantadoras, jamás les confiaría tareas importantes. Denotan ser despistadas, imprecisas, desorganizadas o poco serias, y estas características, si se trata de ganarse la confianza de los demás, no son nada recomendables.

Si por cualquier circunstancia le resulta inevitable llegar tarde a una cita, comuníquelo. Llame por teléfono (incluso en las carreteras existen gasolineras o bares con teléfono) y explique el motivo de su tardanza. La persona que le espera podrá planificar su tiempo y no se sentirá defraudada.

Cuando tenga que asistir a una charla o conferencia, muchas personas habrán acudido puntuales para escucharle. Puede que se hayan desplazado desde distancias considerables. Si llega tarde puede dar a entender que siente poco respeto o da poca importancia a lo que quiere comunicar.

Como habrá podido deducir, soy una de las personas obsesionadas por la puntualidad, pero le aseguro que como yo, hay muchas personas más.

Por supuesto que alguna vez, (muy pocas), se puede llegar algo tarde: reuniones y fiestas informales o comidas familiares, siempre y cuando usted no sea el anfitrión. Y, por supuesto, los que ya estén en el lugar de reunión, podrán empezar a comer o a divertirse sin tener que esperarle. No es una falta de educación empezar cinco o diez minutos después de la hora acordada. El que llega tarde debe disculparse e intentar incorporarse a la comida o a la fiesta intentando pasar desapercibido.

El talante

Su manera psicológica de presentarse y estar ante los demás hará que consiga amigos o enemigos.

Un talante abierto, positivo, simpático, honrado y sincero creará confianza en los que le escuchan. Por el contrario, un talante, negativo, seco y fingido, creará desconfianza y hostilidad.

Si tiene problemas personales y está de mal humor, sus oyentes no tienen por qué aguantarle. Si no es capaz de cambiar y olvidar por un momento todos esos problemas que le afligen, lo mejor es que aplace su charla o su entrevista.

Habrá conocido a personas cuyo talante es negativo de manera habitual; ello se debe, en la mayoría de los casos, a que no están contentos con su trabajo. Es como un pez que se muerde la cola; su trabajo les sale mal porque tienen mal talante y tienen mal talante porque su trabajo les sale mal.

Si es capaz de cambiar su humor, de ver las partes positivas antes que las negativas, su talante, en poco tiempo, mejorará, y como consecuencia su trabajo y su relación con los demás también funcionarán mejor.

Si tiene problemas personales, intente solucionarlos cuanto antes.

Los modales

Son las acciones externas con las que los demás le perciben y denotan su educación. Aprender ciertas normas sociales no es un lujo, ni un esnobismo, al contrario, es un signo de cultura.

Existen magníficos libros que tratan por ejemplo de los modales en la comida (le recomiendo que adquiera uno). Muchas de las normas le parecerán demasiado sofisticadas, como si no fueran con usted. No es así. Se trata de usos que rigen en determinadas ocasiones y forman parte del alto protocolo. Y yo le pregunto: ¿Qué pasaría si dentro de un mes conoce a una persona de un círculo especial que le invita a una cena? ¿Declinará la invitación? o ¿irá corriendo a buscar ese famoso libro de modales y se lo leerá en una noche para aplicar lo aprendido al día siguiente? Seguro que "se le verá el plumero".

Los modales, lo mismo que el talante, deben de ser naturales y espontáneos, e irse aprendiendo con tiempo y soltura.

Le repito que no se trata de fingir, sino de hacer suyas unas normas de conducta que le permitirán comunicarse mejor con los demás.

No hace mucho tiempo, recibí en mi casa la visita de una persona de confianza, a la que aprecio mucho, pero que no está muy al día de lo que aquí se escribe. Sobre mi mesa había un libro de "ALTA ETIQUETA Y PROTOCOLO", que momentos antes había estado ojeando.

Esta persona ojeó el libro y se echó a reír sobre el contenido del mismo. «¿Piensas cenar con el Rey?"- preguntó con sorna.

-"No"- le respondí. Pero pensé en mi interior que si un día recibo tal honrosa invitación, o la de cualquier otra persona de ese rango, habré aprendido de antemano, con tiempo y lo más a fondo posible, todos los modales y requisitos necesarios como para no perderme la experiencia.

Mi consejo es que, de entrada, destierre para siempre sus malos modales. Y digo para siempre, no sólo en determinadas ocasiones.

Los modales se aprenden y se ejecutan por reflejo, tanto los buenos como los malos. Olvidándose de los malos, tendrá ya mucho camino recorrido.

Otra anécdota real: un día, conduciendo por ciudad, detuve mi coche en un semáforo.

El conductor del coche que estaba a mi altura era un antiguo cliente, un alto cargo de una multinacional. En mis entrevistas con él, siempre hacia alarde de un aspecto impecable, de modales de sibarita y gran gourmet, aunque su talante normalmente no era el más idóneo, no sólo en el trato personal conmigo, sino también con las demás personas de su empresa.

Y allí estaba él, un triunfador nato, con su imponente coche, hurgándose la nariz con una desmedida afición, sin un simple pañuelo de papel, y realizando otras "piruetas" nasales que por respeto al buen gusto no voy a relatar.

Por supuesto desvié la mirada hacia otra parte. Un poco por vergüenza ajena y para no ponerle en evidencia en el caso de que nuestras miradas se cruzasen.

¿Qué intento que entienda el lector?

Es preciso que destierre de su forma de ser los malos hábitos y los malos modales. Y no sólo "de cara a la galería". Si no lo hace así, tarde o temprano, puede verse en un aprieto, dejando su buena educación y sus modales en entredicho.

La simpatía y el sentido del humor

Como publicitario, sé que uno de los mejores recursos para hacer un anuncio y que además éste sea aceptado por el público es impregnándolo de simpatía y buen humor.

Lo alegre y desenfadado comunica, atrae y "vende" más.

Inducir a la sonrisa y transmitir alegría es una manera de hacer felices a los demás aunque sólo sea por unos instantes.

Al sonreír, nos olvidamos de los problemas, nos relajamos y nos encontramos mejor.

No confunda la simpatía y el sentido del humor con ser "chistoso".

La simpatía es un don natural que está en mayor o menor grado en los seres humanos y que puede ejercitarse y desarrollarse.

Existen personas antipáticas por naturaleza pero que reaccionan de una manera positiva ante una situación simpática.

También encontraremos a personas con una simpatía excepcional, incluso de belleza física poco agraciada, pero a las cuales somos capaces de perdonar cualquier falta a cambio de que nos sigan otorgando su placentera atención.

La seriedad excesiva es aburrida para uno mismo y para los demás, y aquí es donde entra el sentido del humor, en la capacidad de reírse de uno mismo. Si somos capaces de ello, los complejos, la timidez, el sentido del ridículo y otros frenos personales desaparecerán.

Esta capacidad de reírse de uno mismo también es cultural.

Como latino, me sorprendo del poco sentido del ridículo que tienen los habitantes de América del Norte.

Supongo que habrá visto reportajes en los que estas personas visten y actúan de una manera que a nuestros ojos parece ridícula.

Pues bien, ahí están. La primera potencia económica mundial, aunque mantengo mis reservas, parte de ese éxito reside precisamente en carecer de complejos. No son mejores ni peores que nosotros, pero ellos no se avergüenzan y carecen de ese negativo sentido del ridículo que actúa como freno para proyectarse hacia los demás.

Ríase de sus defectos, no les dé más importancia de la que realmente tienen, pero intente no volverlos a repetir.

Por último, no caiga nunca en la tentación de ser "chistoso"; no es lo mismo que ser simpático. Además, para contar chistes, independientemente de su simpatía, hay que tener cierta gracia y por supuesto saber contarlos.

El "chistoso" es la persona que no para de hacer gracias, siempre fuera de contexto. Suelta un chiste y acto seguido pasa a ser una persona seria y antipática. Intenta romper su timidez anotando todos los chistes que le cuentan para después soltarlos en el momento más inoportuno o a veces, cuando ha captado la atención de sus oyentes para que le escuchen, enmedio del chiste, se olvida del final o lo cuenta mal.

¡Para llorar!

El tacto

Este apartado hace referencia a qué decimos y en qué momento lo decimos. Consiste en comunicar con precaución ciertos mensajes para no herir los sentimientos ni la susceptibilidad de los demás.

Es aconsejable ser cauto y comedido en ciertas manifestaciones.

Conocer al tipo de público con anterioridad puede ayudarle, pero puede escapársele una frase o alusión determinada y levantar las iras de alguno de sus oyentes.

Es una llamada a la prudencia. Por desgracia, cualquiera es capaz de cometer un fallo de esta índole. En largas exposiciones es difícil, si quiere ser efectivo, sincero y directo.

No obstante, si comete este error y es increpado, es más, si se da cuenta de su falta de tacto, ¡RECTIFIQUE AL INSTANTE!

Si se trata de una palabra mal utilizada, y es interpelado por algún oyente, añada sinónimos "suavizantes" del vocablo utilizado.

Si se trata de frases, ¡busque el sentido exacto de su mensaje cuanto antes! ¡Aunque para ello tenga que extenderse más y apoyarse en ejemplos!

Si no viene a cuento, deberá evitar siempre referencias directas a:
- ideas políticas
- estados sociales
- comentarios racistas
- equipos deportivos (en nuestro país, sobre todo en fútbol)
- sentimientos personales íntimos
- conductas sexuales y estados civiles

La discreción

Cuando se posee información de cualquier índole que pueda perjudicar los intereses, la fama o la reputación de terceras personas y no aporte un beneficio real para sus oyentes (y mucho menos para usted), eluda dicha información.

No emplee nunca "el bulo", "el comadreo", "la comidilla", "el critiqueo", "la difamación" como base de su información. Este tipo de comportamiento, si bien en un principio, al público puede resultarle gracioso (existen verdaderos medios de comunicación y personajes especialistas en este tipo de temas), a corto plazo irá en detrimento de su credibilidad, seriedad y profesionalidad.

La comunicación oral

Hasta aquí ya conoce todos los aspectos previos y necesarios para una comunicación eficaz.

En este capítulo descubrirá todas y cada una de las herramientas necesarias para hablar y comunicar correctamente.

La palabra hablada

La diferencia principal entre un animal y un ser humano reside en que el animal emite sonidos para comunicarse, pero estos sonidos no están articulados.

El ser humano al emitir un sonido utiliza toda una serie de técnicas y órganos para articularlo y elaborar palabras que le permiten comunicar conceptos e ideas con precisión.

Así, la palabra es un sonido o conjunto de sonidos articulados que sirven para expresar una idea.

Una definición tan corta y obvia encierra todo un complejo sentido de comunicación y de relación humana.

Recuerde el apartado donde se hacía referencia a la percepción: "la forma en que se llega a conocer el mundo que nos rodea por medio de los sentidos".

En el ser humano, dos de los sentidos primordiales y más desarrollados, necesarios para conocer, dominar y comunicarse con nuestro entorno son la vista y el oído.

La vista nos da información de tipo formal y espacial. Nos permite movernos con soltura, nos permite reconocer el entorno dándonos la información necesaria para reconocer espacios, objetos, personas, etc.

Una vez visto y reconocido el entorno, el sentido que nos aporta mayor cantidad de información es el oído y para el conocimiento y comunicación entre personas, la palabra.

La fuerza de la palabra estriba en su poder comunicativo de forma rápida, natural, directa y personal.

En nuestra infancia, uno de los más arduos aprendizajes consiste en aprender a hablar, a pronunciar, a conocer el nombre de las cosas. Una vez aprendido este código la vida nos resulta mucho más fácil; comunicamos por medio de la palabra nuestros deseos, nuestras necesidades e incluso lo que es más difícil de explicar, nuestros sentimientos, emociones y estados de ánimo.

Una palabra o una frase es capaz de encerrar variados significados y matices diferentes, según quién la escuche, cuándo la escuche, cómo la pronunciemos y con qué intención.

Es necesaria, como ya he comentado anteriormente, la elección correcta de las palabras y su significado, en concordancia con su nivel cultural y el del receptor.

Evite los tecnicismos, las palabras pedantes y rebuscadas. Por suerte, el idioma castellano es inmensamente rico en vocablos; aprender cada día nuevas palabras para definir conceptos es una inversión personal importante, muy económica y de gran rentabilidad.

A diferencia de la escritura, la palabra es directa y espontánea. No necesita el mismo esfuerzo de interpretación y de predisposición para ser descifrada que la escritura, y además está ejecutada con un instrumento único y personal: la voz, su voz.

La voz

Es un medio perfecto, que con una educación adecuada permite emitir infinidad de sonidos diferentes con diferentes matices.

Piense por unos instantes en un cantante de opera o en un imitador de voces. Ambos personajes, tras un previo y duro entrenamiento y con unas condiciones físicas determinadas, son capaces de sorprendernos sólo con sus voces.

La mayoría de personas no educan convenientemente su voz. Y no me refiero a grandes ejercicios operísticos, sino a saber dominar simplemente las cuerdas vocales, y conocer más a fondo las posibilidades de este magnífico instrumento.

La respiración, si su voz es demasiado nasal o gutural, la posición de la lengua en la articulación, la posición de los labios, etc., son algunos de los factores determinantes que pueden hacer que la voz suene mucho mejor.

De la misma manera que prestamos atención y corregimos nuestras posturas y movimientos, debemos aprender a mejorar nuestra voz.

Hemos aprendido a hablar de forma espontánea y nos olvidamos de perfeccionar el instrumento, y lo que aún es más importante,

EDUCARLO Y CUIDARLO

Fumamos, bebemos líquidos demasiado fríos o calientes, respiramos mal, cuidamos poco nuestra dentadura, etc.

La modulación

Consiste en variar convenientemente el tono y el volumen de la voz. Afinar al máximo, intentando dar un resultado lo más armónico posible.

Deben compensarse los tonos graves y agudos, así como la intensidad.

Cuando hable ante un gran auditorio deberá hacerlo como si la persona sentada en la última fila tuviese algún defecto auditivo pero sin pasarse.

Alternar los tonos altos con los bajos y aumentar el volumen sobre todo cuando se termina una frase que remarca una idea son recursos efectivos que harán que el público le entienda mejor.

Por supuesto, el volumen será menor si sus oyentes se reducen a cinco o diez personas, pero la entonación en que deberá pronunciar cada frase no será la misma.

La dicción

Se refiere a la pronunciación de las palabras y entran en juego la respiración, los labios y la lengua.

En cuanto a acentos y dejes regionales, con una forma de dicción peculiar, aun resultando entrañables e identificativos del origen de cada orador, es recomendable corregirlos si los componentes de su auditorio no corresponden a su misma región, ya que una pronunciación que reúna estos matices servirá sólo para diluir, distraer o despistar el verdadero mensaje que se desea comunicar.

Para tener una idea más concreta de lo que significa el dominio de la dicción en castellano, voy a recordarle un viejo trabalenguas, que deberá repetir en voz alta lo más rápido posible:

"En un plato de trigo, comieron tres tigres.
Un tigre, dos tigres, tres tigres".

Como podrá comprobar, el dominio de la dicción consiste sólo en entrenamiento y en el conocimiento correcto de las palabras y su pronunciación.

Las alteraciones principales de la dicción

A modo ilustrativo se citan a continuación algunas de las alteraciones más frecuentes de la dicción:

• AFASIA

Consiste en la desintegración del lenguaje y la imposibilidad de entender los sonidos que se escuchan.

• DISLOGIA

Es una enfermedad grave típica de los oligofrénicos y consiste en la falta de lógica y de contenido en el mensaje oral. El enfermo inventa su propio diccionario y utiliza palabra inventadas.

En las llamadas DISLOGIAS COPROLALIAS el enfermo utiliza con excesiva abundancia los tacos y las palabras malsonantes.

• DISLEXIA

Es una disfunción que en la actualidad tiene solución y consite en la dificultad para comprender el lenguaje escrito sin que existan problemas de visión ni intelectuales.

• DISFEMIA

Más conocida como TARTAMUDEZ, afecta a una mujer de cada cuatro varones y puede ser atenuada con la ayuda de un buen profesional.

• DISLALIA

Errores en la articulación de los sonidos como consecuencia de disfunciones en los órganos de fonación o articulación. El error más común es pronunciar la "s" como la "z".

• DISARTRIA

Se produce por la parálisis de los músculos de los órganos de fonación.

• TAQUIFEMIA

Se caracteriza por una forma de hablar muy rápida, sin pausas, llevando incluso a omitir vocablos.

El ritmo

Hace referencia al compás general de toda su intervención oral y dependerá del tiempo total de que dispone para comunicar su mensaje.

Un ritmo lento y demasiado pausado, con frases muy largas y pronunciadas con parsimonia, hará que el público empiece a bostezar y se aburra solemnemente.

Un ritmo demasiado vivo y rápido, con frases muy cortas que no dejen claras las ideas, con profusión de datos, gráficos e imágenes, acompañado de un exceso de movimientos gestuales, hará sentirse a los oyentes nerviosos, confusos, insatisfechos.

En sus intervenciones, el ritmo deberá aplicarse en proporción directa entre lo que quiere explicar y el tiempo total de que dispone, alternando fases de gran viveza con fases más pausadas y relajadas.

Trate de buscar la justa compensación, el justo equilibrio para mantener al público interesado de principio a fin.

Hay personas que piensan más rápido de lo que hablan, y sus discursos son una cascada de frases inacabadas, se comen palabras y las ideas no quedan claras.

El caso contrario lo encontramos en aquellas personas que hablan con una excesiva lentitud, reflexionando y buscando constantemente la frase adecuada, utilizando una retórica excesiva y recargada, y escuchándose a sí mismos, lo que hace que el oyente no haga más que mirar el reloj, aburrido, esperando el final.

La pausa

Es el silencio que se produce al terminar determinadas frases y sirve para acentuar la importancia de éstas.

La pausa va íntimamente ligada al ritmo y forma parte de él. El tiempo de duración de una pausa debe ser inversamente proporcional al ritmo general.

Así, si el ritmo de la intervención es ágil y fluido, es conveniente intercalar pausas al final de cada concepto importante. En este caso, la duración máxima será de cinco segundos.

Si el ritmo de nuestra intervención es más lento y relajado, la pausa debe ser mas corta, un máximo de tres segundos. En este caso, la utilización de las pausas debe estar muy estudiada, ya que unidas al lento ritmo general pueden hacer que nuestra intervención se vuelva pesada y tediosa.

Aparte de remarcar el último concepto, la pausa sirve para llamar la atención del que escucha e invitarle a la reflexión, además de servir al orador para ordenar sus pensamientos y reemprender la comunicación.

Ejercicio:
Utilice el magnetófono.

• *Pronuncie la frase "BUENOS DIAS" en todas sus posibles variaciones, incluso cantando. Descubrirá la inmensidad de variaciones posibles, tanto de entonación, ritmo, pausa, modulación, etc.*

Elija un párrafo corto de una obra de teatro, o una poesía.
• *Recite, entone, module su voz.*
• *Realice el mismo ejercicio varias veces haciendo variaciones, acelerando el ritmo, alargando las pausas, cambiando la entonación.*
• *Estudie los resultados.*

Recursos Estilísticos

En este capítulo se exponen los recursos e imágenes gramaticales más interesantes para elaborar una intervención oral con estilo propio.

Son recursos que seguro ya conoce, pero que bien por el paso de los años, o bien por su descuidada aplicación, debe poner al día para que sus ideas y alocuciones sean más brillantes.

Un consejo: no abuse de ellas en sus intervenciones. Utilice un máximo de tres imágenes bien elaboradas, y punto. De lo contrario el público podría llegar a considerarle un pedante.

Estos conceptos pretenden abrir puertas en su imaginación, para que con su uso comedido su discurso sea más atractivo, original y efectivo.

Las frases y enunciados según su significado

Al comunicar un concepto podemos hacerlo de varias formas, según cómo construyamos las oraciones gramaticales. Veamos las más importantes:

Oraciones enunciativas

a) AFIRMATIVAS: "Hoy llueve".
b) NEGATIVAS: "Ayer no llovió".

Oraciones interrogativas

«¿Recuerdan que tiempo hizo ayer?».

Oraciones exhortativas

"Convénzanse, si no llueve la agricultura se resentirá".

Oraciones dubitativas

"No sé que tiempo hará mañana".

Oraciones desiderativas

"Ojalá que llueva".

Oraciones exclamativas

"Por fin, llueve".

Observe que un mismo tema puede tratarse de diferentes formas. La manera más corriente es la de afirmar o negar el enunciado, y nada más, (oraciones enunciativas), pero al utilizar el resto de oraciones, expresamos sentimientos y puntos de vista personales, o bien hacemos que la mente del oyente participe de una forma más activa, (oraciones dubitativas, desiderativas, exclamativas, etc).

No construya sus intervenciones únicamente con frases enunciativas. Introduzca varios tipos de oraciones de las aquí expuestas. Su discurso ganará en interés, agilidad y comprensión.

IMÁGENES GRAMATICALES

La Metáfora

Consiste en comparar tácitamente un término real con otro de sentido imaginario, por la similitud de sus cualidades.

Por ejemplo, en "sus palabras eran cuchillos que herían el alma", "palabras" se identificará con "cuchillos", por alusión a que sus palabras eran tan duras e irritantes ("cortantes") que herían sus sentimientos. No prima, por lo tanto, el sentido real sino el sentido figurado.

La Repetición

Consiste en la repetida alusión de uno o más términos, con el objetivo de enfatizar el sentido del discurso. Mediante este recurso se desea hacer hincapié en la parte del concepto que más se desea resaltar.

Un ejemplo: "Usted no tiene tiempo para dedicar a su familia. No tiene tiempo para hacer deporte. No tiene tiempo para visitar exposiciones. No tiene tiempo para escuchar música: Con el producto X, usted ahorrará tiempo y podrá vivir más feliz".

La Antítesis

Se consigue al contraponer una frase o una palabra que contiene un significado contrario.

"Mientras todos hablaban yo permanecía callado".

"El más listo se dejó engañar por los más tontos".

La Paradoja

Es la imagen que a simple vista parece absurda e inverosímil pero que en el fondo encierra un enunciado verdadero.

"Vivir es morir cada día un poco más".

"Los más ricos, acompañados de su inmensa fortuna, suelen estar tremendamente solos".

La Perífrasis

Consiste en un enunciado que da rodeos antes de exponer el concepto principal.

Debe utilizarse con mucha mesura. No se trata de enrollarse, sino de llevar y mantener el interés del oyente hasta el final.

"Yo estaba cansado. En el trabajo todo había ido mal. Me dolían los pies y la cabeza. Tenía sed y lo que más me apetecía era tumbarme en mi maravillosa cama y dormir profundamente".

En forma enunciativa sería: "Estaba cansado y necesitaba dormir".

La Hipérbole

Es una ponderación desmesurada. Consiste en agrandar o disminuir de una forma exagerada el concepto principal.

"Era una persona tan torpe que tropezaba con su sombra".

"De comer tantas verduras, tenía verde la tez".

Ejercicios:

1º A partir de las palabras "hablar" y "público" construya las siguientes oraciones e imágenes, teniendo en cuenta que dichas frases deberá usted exponerlas a sus oyentes y al escribirlas no deberán de sobrepasar las tres líneas. (Tómese su tiempo, pero intente ser original e impactante):

- *Oración enunciativa*
- *Oración interrogativa*
- *Oración exhortativa*
- *Oración dubitativa*
- *Oración desiderativa*
- *Oración exclamativa*
- *Una Metáfora*
- *Una Repetición*
- *Una Antítesis*
- *Una Paradoja*
- *Una Perífrasis*
- *Una Hipérbole*

2º Grave en vídeo una intervención corta de su orador, periodista o personaje preferido. Visiónelo e intente descubrir algunos de los recursos estilísticos aquí enunciados. Si el elegido es de categoría comunicativa, descubrirá más de un recurso de los citados.

3º Analice en qué recursos se basan las siguientes frases:
"Tenía la boca como un pozo sin fondo"
"Hablaba tan deprisa que antes de comenzar ya había terminado".
"Estoy seguro de que me ha entendido".
"Sólo sé que no sé nada".
"Es posible que no entienda este ejercicio".
"¿Entiende usted este ejercicio?".
"Usted hará bien los ejercicios. Usted leerá de principio a fin este libro. Usted acabará sabiendo hablar bien en público".
"Este libro es la semilla del éxito".

La estructura del mensaje

"La habilidad en expresar una idea es tan importante
como la idea misma"
Aristóteles

A continuación, descubrirá cómo crear y preparar un discurso, una conferencia, una presentación, un cursillo, etc., de una manera efectiva. El único requisito indispensable es que se tome el tiempo suficiente para hacer un guión previo.

Es muy importante que se acostumbre a estructurar por escrito sus mensajes.

Las ideas vuelan y desaparecen, mientras que lo escrito permanece

Su tarea consistirá en anotar sobre un papel esquemas, ideas y frases, ordenándolos con una estructura lógica.

Doy por supuesto que el tema del que ha de hablar lo conoce en profundidad, o por lo menos ha leído lo suficiente, se ha documentado o ha tenido la experiencia personal para poderla comunicar. Debe estudiar y documentarse sobre el tema que va a tratar, pedir información a su empresa o hacer una recopilación de sus experiencias personales.

También puede realizar una excursión exótica, que hoy en día se practica muy poco (con este párrafo mi editor quedará muy contento).

Se trata de lugares muy antiguos, por desgracia, en la actualidad casi olvidados por la mayoría, pero cargados de cultura, de costumbres, de exotismo, de imaginación y de exquisitos placeres, en los que podrá explorar, gozar, aprender, experimentar...Es un viaje fantástico, repleto de emociones, aventuras y cultura.

No necesitará un traje de explorador, ni un potente todoterreno, ni brújula, ni cantimplora, ni navaja multiusos, ni pasaporte, ni vacunas contra extrañas enfermedades, ni tampoco un presupuesto excesivo.

Normalmente el viaje dura de treinta minutos a tres horas (ida y vuelta, si vive en una ciudad o población media, e incluso pequeña).

Me estoy refiriendo a de las bibliotecas, donde podrá buscar y consultar todos los temas, leer, tomar apuntes e incluso pedir en préstamo algún libro.

O bien las librerías, donde también podrá ojear algunos volúmenes y pedir información. Personal especializado le aconsejará e incluso buscará por encargo exclusivo sobre tema que más le interese.

El lector me perdonará esta broma, pero está escrita en serio.

Se lee muy poco, y lo poco que se lee no reúne la suficiente calidad, tanto informativa como formativa.

Si me he permitido esta licencia, ha sido para subrayar la importancia que tiene estar bien informado antes de hablar en público. La necesidad de conocer el tema que se va a tratar en profundidad.

No es necesario un dominio total del tema, pero sí es cierto que, cuanto mayor sea mejor. Y sobre todo, ESTAR SEGURO DE LO QUE SE HABLA.

Si se ha informado al máximo, usted habrá adquirido seguridad sobre los conceptos a exponer y ello le permitirá comunicar con eficacia. La seguridad se transmite a los interlocutores de una manera invisible.

Pero atención, si usted no está seguro de lo que dice o, lo que aún es más grave, MIENTE, es muy posible que el público lo note. Por el tono de voz, por su mirada, su postura o simplemente un halo especial que le delatará y tirará por tierra todos sus argumentos.

> ## ASEGÚRESE DE LO QUE VA A DECIR. NO MIENTA NUNCA

Estoy cansado y supongo que al lector le pasa lo mismo, de escuchar tonterías, gente poco formada e informada que por el simple hecho de tener cierta posición, ser popular o porque la ruleta de los medios de comunicación les han elegido, hablan sin decir nada, y eso es casi un pecado.

Por lo que le presupongo el natural esfuerzo de ser una persona formada y puesta al día antes de tomar la palabra y comenzar a hablar.Es en este punto donde debe empezar a aprender cómo tratar la información oral.

La idea

Es el punto de partida, el núcleo principal de su intervención, y equivale al QUÉ citado en el esquema de la comunicación.

Concrete y objetive la idea con un título. Póngale nombre. Dicho título no deberá de contener más de cinco palabras y deberá reflejar de una manera clara el contenido de su intervención. Intente ser original, personal y directo. Tenga en cuenta que el nombre de su idea será el primer reclamo para captar la atención del público.

La composición

Una vez definida la idea deberá desarrollarla. Establezca un tiempo de duración aproximado. No es lo mismo desarrollar una idea y una composición para una intervención de una hora que para una presentación de quince minutos. El tiempo con el que cuenta para expresarse limitará la cantidad de conceptos que deberá incluir.

El método más fácil y efectivo es utilizar la estructura del teatro clásico:

INTRODUCCIÓN - NUDO - DESENLACE

INTRODUCCIÓN
- Presentación personal
- Título
- Objetivo principal
- Aspectos generales
- Pausa

10/15% DEL TIEMPO TOTAL

NUDO
- Exposición ordenada de cada concepto
- Exposición de datos, gráficos, esquemas, imágenes
- Posible intervención del oyente
- Pausa

MÁXIMO
70/80% DEL TIEMPO TOTAL

DESENLACE
- Resumen
- Conclusión
- Ruegos y preguntas
- Despedida

10/15% DEL TIEMPO TOTAL

En la INTRODUCCIÓN se incluirá la presentación personal, si es la primera toma de contacto; se citará el título (o el motivo) de la idea principal y los objetivos y características generales.

Durante la introducción deberá poner de manifiesto todo su encanto personal y simpatía. Se trata de captar la atención de sus oyentes y prepararlos para la exposición general.

Es muy importante empezar y terminar bien, ya que éstas serán las partes de su discurso que el público más recordará, y además deberá ser breve.

Si su presentación es pobre o demasiado corta ("va directo al grano") le va a costar mucho convencer después a sus oyentes.

Despierte el interés, excite la curiosidad y realice una pequeña pausa en su ritmo.

En la confección del NUDO deberá incluir todos y cada uno de los conceptos que debe comunicar, con sus correspondientes argumentos.

Los conceptos deben estar ordenados por sus características, de menor a mayor, por su cronología, por afinidades u oposiciones.

Podrá ilustrar su exposición con imágenes, gráficos, datos, esquemas y todos los recursos que precise para transmitir su información.

Puede permitir o provocar posibles preguntas por parte de los oyentes para que cada concepto quede claro. Recuerde que está realizando una acción comunicativa y pedagógica.

Realice otra pausa.

En el DESENLACE deberá resumir los aspectos más importantes de lo expuesto, realzando las ideas principales con frases muy cortas.

Prepare una conclusión final que englobe su opinión y defina lo más importante de la IDEA principal.

La conclusión debe ser breve, completa y convincente. Le recomiendo que la escriba y la memorice.

Al final puede permitir la intervención del público y si es necesario dejar que opinen o le pregunten. Sea MUY ESCUETO EN SUS RESPUESTAS.

Despídase y agradezca la atención del público. Parte de los asistentes empezarán a levantarse y a abandonar la sala. Cambie su posición de orador por la de público y, si es necesario, continúe atendiendo consultas pero ya en situación más informal, directa y distendida.

Si espera una respuesta determinada (venta, decisión, etc.) o es necesario continuar otro día, anime a sus interlocutores a hacerlo.

Sonría y "haga mutis por el foro".

Intensidad y ritmo comunicativo

Este concepto hace referencia a la "fuerza" y ritmo de su comunicación. Reúne todos los recursos persuasivos que a estas alturas ya conoce (tono de voz, movimiento, ritmo, lenguaje manual, sonrisa, etc.) deben dosificarse según el tipo de intervención que vaya a realizar.

La intensidad es como una música de fondo oculta en la composición de su discurso, que imprime dinamismo a su intervención y pretende que el público "baile" al ritmo que usted desea.

Si realiza una charla con una introducción de intensidad comunicativa alta, continúa con un nudo, cuya intensidad también sea alta, y llega al desenlace con la misma intensidad, con toda seguridad el público acabará extenuado y confuso.

El extremo opuesto, consistiría en imprimir una intensidad comunicativa baja y muy relajada en los tres estados (introducción-nudo-desenlace); el público se aburrirá e incluso puede llegar a dormirse.

Vea los siguientes esquemas:

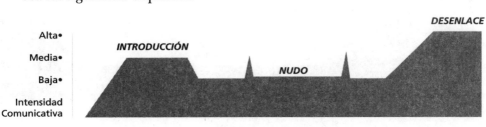

Ejemplo 1 de estructura

Este primer ejemplo es idóneo para cualquier intervención, ya se trate de una conferencia larga o de una entrevista de ventas.

Durante el tiempo de introducción se imprime un grado de intensidad medio-medio/alto; frases vivas y muy cortas, sonrisa, simpatía, movimiento, tono de voz algo alto.

Se realiza una pausa.

Al iniciar el nudo, la intensidad disminuye. Puede extenderse en un tono más relajado, más serio. Se pretende la concentración y la atención máxima del público.

Observe que en la línea de intensidad en la que se desarrolla el nudo hay unas cuñas. Rompen el ritmo y "espabilan" a los oyentes. Se trata de introducir una anécdota simpática, un detalle que provoque la sonrisa de los asistentes o un dato espectacular, nuevo y revelador.

Intente sorprender al público en sus asientos.

Acto seguido se retoma el ritmo anterior.

Pausa.

En el desenlace se sube al punto más alto de intensidad con riqueza de gesticulaciones, tono de voz alto, frases cortas, contundentes y brillantes.

Final.

Es la manera más profesional y efectiva de comunicar y, aunque necesita práctica, si la aplica correctamente puede incluso provocar la admiración y el aplauso de los asistentes.

El esquema número dos es también válido para la mayoría de intervenciones.

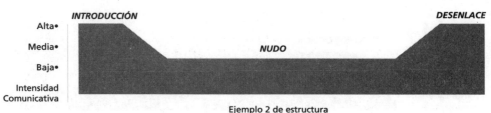

Ejemplo 2 de estructura

Se empieza con una introducción de intensidad media-media/alta.

Durante el nudo se establece una intensidad media-media baja (observe que en este esquema no hay cuñas que distraigan).

Cuando se llega al desenlace se imprime el mismo grado de intensidad que en la introducción.

Es una intervención más seria, equilibrada, también más fácil de realizar, pero menos espectacular.

Es la que le recomiendo para empezar. Tenga en cuenta que las cuñas deben ser muy cortas y efectivas y deben parecer naturales. Es como contar un chiste. Si no tiene gracia o el público puede no captarlo, no lo cuente.

El tercer esquema es apropiado para charlas cortas, presentaciones, discursos y primeras tomas de contacto.

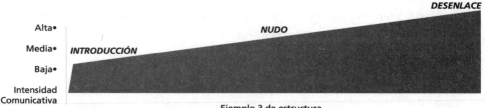

Ejemplo 3 de estructura

Como podrá observar, va "in crescendo".

Empieza con una intensidad media y al final alcanza las cotas más altas. Es típico de los artistas en intervenciones en TV tipo show, que no pretenden ser demasiado formativos ni comunicativos. Persigue sólo el impacto.

Es el más difícil de todos y requiere mucha práctica y ensayo.

El último esquema es el que ha de evitar.

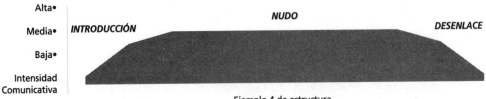

Ejemplo 4 de estructura

A no ser que sea un reportero o un simple informador cuyos únicos objetivos sean sólo prestar su voz para transmitir datos, este esquema es poco aconsejable.

Es el típico "rollo".

Le exposición que sigue este esquema se presenta sin fuerza y suele ser aburrida. Consiste en soltar una parrafada y punto final.

Es una estructura pobre y sin personalidad.

El estilo y el tratamiento

Es su manera personal de comunicar en cualquier circunstancia.

A estas alturas ya conoce casi todos los elementos que intervienen en la comunicación oral. Adáptelos a su personalidad y adóptelos como suyos. Corrigiendo siempre los defectos, mantenga todos esos signos peculiares que le darán su sello personal ante los demás.

Según el público al que deba dirigirse, adaptará ligeramente el guión y el lenguaje, pero trate de no hacer grandes variaciones.

Es como si usted fuese un pintor o un músico. Tiene un estilo personal, que día a día progresa pero que no anda cambiando de un día para otro.

Sé que es difícil definir el estilo personal, pero recuerde que no se trata de fingir, se trata de que sea usted mismo ante los demás.

Si es capaz de fijar los rasgos mínimos de su estilo personal, habrá dado un paso de gigante y ganará en seguridad y efectividad.

Ejercicio:

Elija un tema que le guste y del que le gustaría hablar algún día.

Consiga tres hojas de papel, o mejor tres cartulinas de las denominadas "fichas", de un tamaño de 10 x 15 centímetros, aproximadamente.

En la primera ficha anote con letra clara, con un máximo de diez palabras, todo lo que querrá decir en la introducción.

Recuerde que debe apuntar conceptos y palabras clave. El tema lo debe conocer en profundidad.

En la segunda ficha anote de manera ordenada todos los conceptos del NUDO. Puede introducir alguna "cuña".

Y en la tercera, anote el DESENLACE. Conceptos finales y frases cortas muy brillantes o simpáticas.

No le saldrá a la primera. Revise, añada, elimine, pero anote lo imprescindible.

Conecte la cámara de vídeo y empiece a hablar.

Puede mirar de reojo las fichas. Siga el guión y desarróllelo.

También puede improvisar, aunque no en exceso.

Visione el vídeo y vuelva a empezar.

Seguro que a la tercera grabación su intervención es casi perfecta.

Elementos físicos que intervienen en la comunicación

La sala

La sala de reuniones, el aula, el despacho, etc., son los espacios físicos donde usted deberá hablar y moverse. Es muy importante conocer el escenario con antelación, sus características específicas como:

• Sus dimensiones; impresiona más un gran auditorio que una sala de juntas de menor espacio.

• La disposición del público; si estarán sentados en butacas, en sillas o alrededor de una gran mesa. Si es un cóctel, estarán de pie y el ambiente será más distendido e informal.

• La acústica; las cualidades físicas que harán que su voz se escuche perfectamente.

• La iluminación; puede ser una iluminación normal y general o, si se trata de un estrado, el público tendrá menos luz mientras que la palestra estará iluminada con focos.

Infórmese de la localización de los interruptores. Si ha de utilizar el proyector y si hay una persona responsable para esta función.

• Los materiales con los que cuenta: micrófonos, pizarra, proyector de diapositivas, de cuerpos opacos, etc.

• Y, sobre todo, el lugar desde donde usted hablará, si es una tarima o estrado, si tiene tribuna de orador, si es tras una mesa, etc.

Puede observar que las situaciones son múltiples y variadas.

Estos conocimientos previos del territorio le proporcionarán una idea general de cómo se desarrollarán los hechos, podrá prever posibles incidencias y le dará seguridad.

Solicite una visita previa para conocer el escenario donde deberá hablar. Si por cualquier circunstancia no puede hacerlo, pregunte a alguien que ya lo conozca o a la persona responsable de la sala. No se sienta cohibido al realizar esta demanda; al contrario, denota profesionalidad y meticulosidad en su trabajo.

Algunos consejos:

Si está usted hablando y por circunstancias ajenas (público exterior que entra o sale, ruido de tráfico, sirena de bomberos, golpes o martillo eléctrico por obras, u otras interferencias) mire al público, sonría e interrumpa su locución por unos instantes hasta que cesen las interferencias.

Nunca eleve su tono de voz, ni mucho menos grite para que se le oiga. Normalmente el ruido cesará y podrá continuar.

Si, por el contrario, el ruido no cesa, localice con la mirada al responsable de la sala o al organizador. Hágale un gesto y coméntele aparte que de esta forma no puede continuar. El responsable hará todo lo posible porque cesen los ruidos. Pero si éstos no cesan, y ve que aún le falta mucho para terminar, discúlpese ante los asistentes y aplace su charla.

El fallo no es suyo, sino de la organización o del azar. Usted quiere hablar, no chillar.

El micrófono

Éste es un elemento muy conocido pero con unas características especiales. Algo tan simple y que habrá visto muchas veces, si no toma precauciones, puede acarrearle algún que otro quebradero de cabeza.

En primer lugar, un micrófono es un objeto que sirve para recoger y trasladar su voz, bien para ampliarla o bien para grabarla en una cinta de audio.

La falta de costumbre ante la propia voz ampliada puede cohibir su soltura y naturalidad, hasta el punto de ponerle nervioso.

A mi me pasó la primera y la segunda y la tercera vez, hasta que comprendí que aquel aparato "no mordía", era simplemente igual a una calculadora, un vaso con agua o un lápiz sobre la mesa.

No se vuelque ante el micrófono, ni le entregue su voz.

Hable para y hacia el público, con naturalidad. El micrófono se encargará de captar y recoger sus palabras.

Manténgase a unos 40 centímetros. No debe moverse ni alejarse demasiado, ni tampoco mover con exceso la cabeza en direcciones opuestas.

Conozca la situación del micrófono y después ignórelo. Preste atención al público o a su interlocutor, nunca al micrófono directamente. ¡Ni lo mire!

Existen tres tipos básicos de micrófono:

• Micrófono de sobremesa

Sirve para ampliar su voz cuando las condiciones de la sala lo requieren. Su manejo es sencillo, pero deberá conocer por lo menos su forma de encendido y apagado.

Como le he indicado antes, visite la sala donde deberá hablar con antelación. Si existe un micrófono pregunte por su utilización y realice unas pruebas previas.

No grite. Hable normalmente y espere que el encargado module el volumen.

Cuando llegue a dar la charla, conecte el micrófono y comience a hablar. Ignórelo y diríjase al público.

No golpee el micro para comprobar si funciona. Puede "dejar sordos" a los oyentes.

Deberá permanecer sentado y no moverse demasiado. Nada más.

• Micrófono de mano

Si necesita moverse para apuntar en la pizarra o señalar la pantalla de diapositivas, coja el micrófono con una mano y sitúelo pegado a su pecho a la altura del esternón. Mantenga la mano fija sin moverla y entonces desplácese por la sala.

Insisto en que la mano que sujeta el micrófono debe estar quieta y pegada a su pecho. No intente imitar a los cantantes de rock inclinándolo sobre su boca o haciendo desplazamientos bruscos.

Otro caso en el que interviene el micrófono de mano es cuando le realizan una entrevista para algún medio de comunicación.

El entrevistador realizará la pregunta hablando él primero al micrófono y luego lo pondrá delante de usted a la distancia correcta. Responda sin acercarse más. Mantenga la distancia y hable mirando a la cámara o bien al entrevistador, nunca al micrófono.

Observe cómo en reportajes de televisión muchos personajes públicos, al ser abordados por varios periodistas, cada uno con su micrófono, mantienen la distancia prudencial y hablan a la cámara o a sus interlocutores.

En reportajes, tipo encuesta, que se realizan en la calle, muchas personas, cuando el periodista les sitúa el micrófono delante, lo miran, se acercan y gritan demasiado, como si el público estuviese al otro lado del cable.

El micrófono (los periodistas lo saben muy bien) es un elemento coactivo e intimidatorio. Si a una persona se le realiza una pregunta sin micrófono habla libremente, más relajada. En el momento que tiene un micrófono delante, si no está acostumbrado, se pone rígido y tenso, consciente de que sus palabras llegarán a muchas más personas.

• Micrófono de pinza

Es un aparato en miniatura provisto de una pinza que se sujeta en la solapa. Es el mejor. Pasa desapercibido. No cohíbe y permite moverse con más soltura. Normalmente hay un encargado de controlar el volumen y el acceso.

Por ser costoso y sofisticado (a veces va acompañado de un transistor-emisor que se sujeta en la parte trasera) se suele utilizar sólo en las televisiones.

En resumen: el micrófono es un accesorio que le permite hablar con más facilidad. No se acerque demasiado ni lo mueva. Una vez bien situado, ignore su presencia.

La pizarra

Éste es un elemento de gran ayuda para hacer más gráficas sus ideas. Su utilización le dará ante la audiencia una imagen más profesional y dinámica, ya que podrá moverse.

Pero, atención, no abuse de su utilización. No se trata de que quede repleta de gráficos y textos, después borrar y volver a empezar.

Antes de empezar, compruebe dónde están los elementos necesarios; tiza suficiente y borrador, o los rotuladores de color, normalmente azul o negro (utilice sólo un color) y si hay más de uno por si se agota la tinta.

Utilice la pizarra para hacer esquemas muy simples, con abreviaturas, o mejor iniciales (empresa=E, cliente=C, comunicación=COM) y conéctelos con líneas, flechas o formas geométricas simples (círculos o rectángulos).

También sirve para expresar fórmulas y anotar nombres complicados. Nada más.

Si precisa dar más información, escríbala, fotocópiela y proceda a su reparto antes de iniciar su charla.

He asistido a clases y conferencias en las que el responsable se pasaba un tercio del tiempo apuntando y borrando. Todos nos aburríamos.

Lo ideal es: exponer una idea, trazar el esquema, desarrollar la idea, borrar y seguir hasta la próxima. Evite ir buscando espacios vacíos y escriba siempre en el centro de la pizarra.

Recuerde: prescinda de dibujos complicados (a no ser que sea un artista). Sólo esquemas y nombres, pero siempre sin abusar.

Un detalle elegante es que al terminar, mientras los asistentes recogen sus cosas, borre todo lo escrito en la pizarra.

Las diapositivas

Éste es otro elemento de gran impacto y efectividad, capaz de mostrar tanto esquemas muy elaborados como imágenes reales.

Proyectar diapositivas en una clase, presentación o conferencia añadirá a su labor una gran fuerza pedagógica.

Primero necesitará elaborar un guión y buscar las imágenes que necesita y realizar los esquemas para después reproducirlos fotográficamente.

Elija imágenes de calidad e impacto y evite las de poco interés o poca calidad. El público es muy exigente.

Si no posee el equipo necesario para realizar las diapositivas, debe saber que existen en el mercado establecimientos especializados para ello. Sólo tiene que llevar el material a reproducir y ellos se encargarán del resto.

Un consejo: haga siempre duplicados de cada diapositiva. En caso de pérdida o deterioro, siempre conservará una copia.

Cuando tenga todo el material visual necesario, ordénelo. Puede numerar cada diapositiva en su marquito con lápiz.

Pero, cuidado, este elemento también necesita preparación y cuidados en su utilización.

Las diapositivas deben estar colocadas en el soporte o "carro" en una posición determinada para ser proyectadas, porque si no se sitúan bien, aparecen torcidas o invertidas, fallo bastante notorio, por lo que le recomiendo:

a) Infórmese del modelo de proyector que va a utilizar y pregunte si pueden prestarle un carro para colocar con tiempo suficiente sus diapositivas. De no ser posible, acuda con bastante antelación al lugar de la conferencia y coloque cada diapositiva por orden. Realice un pase rápido de las diapositivas comprobando su colocación y su orden.

b) Si tiene que realizar la misma exposición varias veces, en días diferentes, es conveniente que compre varios carros (su coste no es elevado) y proceda a colocar las diapositivas en la posición correcta. Así, siempre estarán en un perfecto orden y ahorrará tiempo.

c) Encargue de la proyección a alguien que conozca el funcionamiento del proyector y el pulsador para el avance y retroceso de las diapositivas.

d) Procure no colocarse delante del foco de proyección. Sitúese a un lado y si tiene que señalar hágalo mediante un puntero telescópico normal, parecido a una antena desplegable de un transistor (de venta en establecimientos especializados y de bajo coste) o bien con el puntero luminoso que proyecta una flecha con sólo apretar un botón que muchos proyectores llevan incorporado.

También existen punteros láser, pero éstos son caros y peligrosos, hay que tener mucho cuidado en no dirigir el haz luminoso a los ojos.

En cuanto al tiempo de proyección le recomiendo que no sea excesivo. La luz general debe ser tenue (si hay reductor) o tendrá que estar a oscuras. Este ambiente, si se alarga demasiado, puede cansar al público e incluso provocarle sueño.

No empiece ni termine su actuación proyectando diapositivas.

El esquema ideal para una charla con proyección de diapositivas puede ser el siguiente:

AMBIENTE CON LUZ	AMBIENTE SIN LUZ	AMBIENTE CON LUZ
Presentación Exposición General Puede utilizar la pizarra	Proyección de diapositivas	Conclusión Despedida
20/30% DEL TIEMPO TOTAL	MÁXIMO 40% DEL TIEMPO TOTAL	20/30% DEL TIEMPO TOTAL

El retroproyector

Es un elemento similar al proyector de diapositivas. Su diferencia estriba en que no proyecta diapositivas, sino hojas transparentes con esquemas, apuntes, o fotos.

Su calidad de proyección es inferior a la del proyector de diapositivas, pero requiere menos preparación.

Utilice el mismo esquema que el mencionado para el proyector de diapositivas.

El Vídeo

Consiste en un pequeño reportaje en forma de película que sirve para mostrar y explicar un concepto o producto de forma espectacular.

Normalmente cuando se realiza un vídeo para incluir en una conferencia ya se planifica en función de su duración. No obstante, hay otros vídeos que han sido concebidos para distribuir al público y que éste los visione en su casa o despacho tranquilamente.

Revise primero el material. Si observa que no cumple sus expectativas, es demasiado extenso o se citan conceptos ajenos o diferentes a su exposición, no cuente con él como material de apoyo.

Es un medio poco recomendable; a no ser que contenga datos muy importantes e imprescindibles, no lo utilice. El público asiste para oírle, no para ver la televisión.

La duración de los vídeos no debe sobrepasar los quince minutos. Todo tiempo de más sólo servirá para que el público se aburra y se impaciente.

También puede utilizar el mismo esquema de uso que el mencionado para el proyector de diapositivas, pero con mucho menos tiempo de exposición.

Ejercicio:

Familiarícese con el micrófono. Ensaye en su casa.

Siéntese en una mesa ante un espejo. Coloque un micrófono fijo en la mesa (o algo que se le parezca. Puede ser una alcachofa; así podrá desdramatizar la importancia del micrófono) y hable mirando al espejo. No mire al micrófono.

Haga lo mismo con el micrófono en la mano de la forma que se ha indicado anteriormente y hable mirándose al espejo.

Si realiza estos ejercicios ante un espejo, cuando lo haga ante el público le será mucho más fácil.

Casos diferentes de comunicación verbal directa

"Toma la palabra en dos circunstancias: cuando se trate de cosas que conoces perfectamente, o cuando la necesidad lo exija"
Isócrates

Presentaciones

Una presentación es un acto protocolario en el que se hace referencia a otra persona o a un producto/servicio.

La persona encargada de la presentación suele tener un notable prestigio con respecto al referente (a la persona o al producto/servicio).

Las presentaciones deben ser cordiales y breves. Evitando hablar de uno mismo y es aconsejable hacer referencia a aspectos simpáticos, emotivos o loables del referente.

Utilice el esquema de discurso n°. 3 (pág. 106).

Entrevistas con clientes

Ésta es una de las situaciones más usuales de relación, en las que el éxito dependerá directamente de su preparación.

Entrevistarse con un cliente no consiste sólo en venderle un producto o un servicio. El cliente tiene sus dudas e inquietudes.

No convierta la entrevista en un monólogo, en el que usted es el único protagonista. Escuche e interrogue de manera sutil a la otra persona.

Con una postura cordial, deberá interesarse por las verdaderas necesidades de su cliente, aclarándole cualquier duda.

Si el cliente visita su despacho o empresa, no le haga esperar demasiado tiempo en recepción, sobre todo si la entrevista estaba concertada.

Si el cliente se ha presentado por sorpresa y usted está muy ocupado, hágaselo saber. Dígale que le es imposible recibirle, o que la espera será de un máximo de quince minutos.

He conocido a personas que hacen esperar a sus clientes (también sirve para los proveedores o vendedores) mucho tiempo. Lo hacen por norma y porque creen que realzan su importancia. ¡Craso error!

Mantenga el lugar de la reunión ordenado y si es preciso muéstrele las instalaciones, productos y procesos de fabricación, y ofrézcale toda la información gráfica (folletos, catálogos, etc.) que posea.

Deberá crear en cualquier caso un ambiente distendido en el que el cliente se encuentre a gusto.

Evite las interrupciones y también los comentarios sobre terceras personas. Si otra persona de la empresa precisa de su ayuda, no resuelva el problema delante del cliente. Discúlpese y salga de la sala. Solucione o aplace la cuestión hasta haber terminado con su visita.

Al finalizar, acompañe a su visitante hasta la salida y agradézcale su visita.

Entrevistas con proveedores

Sirven las mismas reglas que para el apartado anterior pero añadiendo los siguientes matices:

• Respete a su proveedor como si fuese su cliente. No "le exprima" demasiado y trátele con cordialidad. ¡Recuerde que la esclavitud hace muchos años que fue abolida!

• En el caso de que no sea de su interés lo que su interlocutor le está ofreciendo, dígalo directamente pero con educación y cordialidad. No haga perder el tiempo a los demás. También la otra persona está trabajando.

• Recuerde que un proveedor es, o puede ser, un futuro colaborador directo o indirecto de su empresa. Si usted se gana su confianza, cuando le necesite estará a su lado.

Conozco a empresarios que tratan a sus clientes con exquisita delicadeza y con sus proveedores pierden todas las formas. Esto a corto plazo es contraproducente, ya que si bien en los negocios existen unas reglas, un proveedor es también una persona y se le debe el mismo trato de educación y cordialidad.

Volviendo al punto referente al tiempo de espera; si es usted el que se desplaza, tanto si es proveedor como cliente, sea puntual pero no espere más de quince minutos a ser recibido.

Al llegar, anuncie su visita a la persona encargada de recepción. Si transcurridos quince minutos no es recibido, recuérdele a la recepcionista su presencia, y si le siguen aplazando la entrevista, aduzca que usted tiene también el tiempo justo.

Si, aun así, no es recibido con un margen de puntualidad normal, discúlpese aduciendo que su agenda de trabajo no le permite esperar más tiempo e intente concertar la entrevista para otro día.

Si en la próxima entrevista sucede lo mismo, ¡olvídese de ese cliente o proveedor! No le interesa.

Entrevistas en busca de empleo

Ésta será quizás una de las intervenciones más difíciles y comprometidas que usted pueda realizar, ya que está en juego un puesto de trabajo y con ello su posible subsistencia.

La persona encargada de seleccionar al personal suele tener una preparación específica y conoce todos los trucos y recursos para descubrir el perfil idóneo de la persona que ha de cubrir el puesto de trabajo requerido.

Es normal que usted haya presentado con anterioridad un "currículum" en el que constan sus datos personales y experiencia profesional. Al ser llamado a la entrevista personal ya habrá pasado el primer filtro. Ahora se trata de la prueba más difícil, donde lo que se valorará es su imagen personal, su actitud, su carácter y su don para comunicar, y todo ello en un corto espacio de tiempo.

El primer minuto de la entrevista ES CRUCIAL. En este corto lapsus de tiempo, el entrevistador obtendrá de forma inconsciente un flash de simpatía/antipatía hacia la otra persona.

Es muy importante que controle todos y cada uno de los movimientos y palabras durante ese primer minuto.

Observe los siguientes puntos:

- Sea puntual.
- Acuda vestido de acuerdo con el puesto de trabajo a cubrir.
- Entre en la sala con decisión y aplomo, pero relajado.
- Intente mostrar seguridad.
- Sea modesto.
- Muéstrese ilusionado pero nunca servil.
- Vea a la otra persona como un amigo que está realizando su trabajo, no como un verdugo.
- Utilice siempre el tratamiento USTED, a no ser que le pidan lo contrario de una manera explícita.
- Salude, sonría y estreche la mano de su interlocutor tal y como se explica en el apartado correspondiente. Establezca contacto visual.
- Escuche con atención las preguntas que le realizan, sin interrumpir y estableciendo contacto visual. Lo de prestar atención es importante, ya que puede

que le realicen dos veces la misma pregunta de forma diferente para averiguar si usted se contradice o miente.

• Responda a las preguntas de forma sincera, directa y escueta.

• No gesticule ni mueva demasiado sus manos.

• Si no entiende una pregunta, solicite que se la aclaren. No responda a la ligera.

• No critique nunca sus puestos de trabajo anteriores, y mucho menos a sus antiguos jefes, simplemente aduzca su deseo de progresar y buscar nuevos objetivos.

• No sea usted el primero en citar el tema económico ni las principales condiciones laborales. Espere a que sea la otra persona la que lo exponga.

Conferencias

Una conferencia consiste en la exposición de un tema concreto que resulta de interés para un público determinado y sobre el que se presupone que usted es especialista.

No intente ser un gran orador, ya no están de moda.

Una conferencia NO SE IMPROVISA. Deberá realizar un esquema expositivo que contenga los aspectos más relevantes del tema a tratar.

El concepto global de la conferencia deberá ser UNIFICADO Y PERSONAL. Hable de un solo tema e imprímale su sello personal y su punto de vista.

El tiempo de una conferencia no debe exceder de sesenta minutos (lo ideal son cuarenta y cinco minutos), a un ritmo normal. Puede aplicar el esquema número 3 de la página 89.

Es necesario escribir de forma literal su conferencia en un espacio que no debe exceder los treinta folios mecanografiados. De esta forma podrá estructurar y matizar con detenimiento su intervención y cada una de las frases y expresiones.

Al escribir su conferencia, usted conseguirá:

a) Una amplia y profunda visión del tema a tratar.

b) Un inmejorable guión que podrá ir revisando en el momento mismo de su intervención. Le recomiendo que evite leer constantemente ante el público. Ojee el escrito de manera intermitente para no "perder el hilo".

c) Un material escrito, real y concreto que puede divulgar posteriormente a los medios de comunicación, a los asistentes que lo soliciten o para futuras publicaciones.

Debates

Un debate está dirigido por un moderador e integrado por dos o más participantes cuyas opiniones sobre un mismo tema suelen ser contrarias u opuestas.

El objetivo de un debate es mostrar al público diferentes opiniones contrastadas sobre un tema determinado.

El funcionamiento de un debate es el siguiente:

Se anuncia el tema. El moderador formula una pregunta determinada y entonces los participantes intervienen exponiendo sus puntos de vista y posiciones personales. Las preguntas y respuestas pueden irse suscitando entre los participantes y la única función del moderador es reconducir el tema o establecer orden entre las intervenciones de los participantes.

Normalmente un debate va subiendo de tono a medida que avanza y muchas veces deriva en un enfrentamiento desagradable y grosero entre sus participantes.

Si debe intervenir en un debate deberá tener en cuenta lo siguiente:

• Usted asiste a un debate para exponer y defender sus ideas hasta un límite determinado, marcado por las normas de la correcta comunicación, la honestidad y la buena educación. Si traspasa ese límite, el público obtendrá una mala imagen de usted.

• Su conocimiento y postura ante el tema a debatir será profundo, firme y sincero.

• Infórmese de la postura de sus adversarios.

• Elabore argumentos y busque datos para rebatir las posibles objeciones y propuestas que con toda seguridad saldrán a relucir durante el debate.

• Defienda sus ideas con firmeza.

• Mantenga siempre sus buenos modales y rehuya el insulto y el enfrentamiento personal.

• Si ve que su interlocutor "se pasa de la raya", diríjase al moderador y pida que intervenga para imponer orden. Debe estar alerta para no caer en provocaciones.

• No interrumpa nunca al moderador ni tampoco a los otros participantes. Deje que sean ellos los que se pongan en evidencia.

• Mantenga siempre la compostura. No grite y ofrezca una imagen cordial hasta el final, sobre todo si las otras personas adoptan una postura agresiva.

• Finalizado el debate, despídase con cordialidad de los participantes.

Cursillos

Un cursillo consiste en la exposición pedagógica de un tema durante dos o varias sesiones.

Usted deberá transmitir sus conocimientos, tanto teóricos como prácticos, a otras personas. En este caso, deberá de ser MAESTRO, y enseñar y transmitir lo mejor posible a los demás sus conocimientos.

Fíjese en los siguientes puntos:

• La duración por sesión no deberá ser superior a dos horas. Todo tiempo de más va en detrimento de la comprensión de su discurso.

• Realice un guión por sesiones que esté escalonado, tratando los temas de menos a más, y nunca deje a la mitad un tema para ser tratado en la siguiente sesión. Al planificar el cursillo deberá tratar que cada sesión sea monográfica y concluya en el tiempo asignado.

• Utilice todos los materiales y recursos necesarios para que los alumnos entiendan lo que quiere comunicarles.

• Utilice apuntes. No dicte.

• Su ritmo deberá estar adecuado al de sus oyentes. Se trata de que entiendan y aprendan. Sea pausado sin ser monótono.

• Permita que si alguien no entiende un concepto pregunte en el acto.

• Procure que los alumnos practiquen o realicen ejercicios sobre cada tema que usted crea necesario.

• Si un treinta por ciento de los asistentes a su cursillo no aprenden y comprenden lo que usted les ha expuesto, no es que "sean tontos", es que usted no sabe exponer con claridad sus conceptos o no utiliza el método pedagógico adecuado.

Recuerde que el mejor premio a su labor radica en que TODOS, o la mayoría de sus alumnos, al final entiendan lo que usted quería explicarles. Si lo ha hecho bien, ellos se lo agradecerán siempre.

Reuniones profesionales

Como consecuencia de su labor profesional, puede verse en la obligación de mantener de una manera más o menos periódica reuniones con personal de su misma empresa para analizar resultados, proponer nuevas estrategias de negocio, etc.; o bien puede mantener reuniones con personas de otras empresas en las que se discutirán aspectos relacionados con diferentes áreas o aspectos de sus negocios. Este tipo de reuniones sirven para enriquecer y unificar criterios, y motivar a los componentes de la empresa.

Es un trabajo en equipo, donde se valoran todos los puntos de vista, se corrigen fallos, se buscan nuevas ideas y tienen una importancia vital las conclusiones finales.

Para realizar reuniones de este tipo es imprescindible que el organizador elabore UN ORDEN DEL DÍA. Consiste en poner por escrito todos y cada uno de los temas a tratar durante la sesión. Estos temas deberán ser abiertos, ya que se espera la aportación de cada uno de los participantes.

Este escrito se entregará a cada asistente con la suficiente antelación para dar tiempo a cada participante a reflexionar, estudiar y preparar cada tema propuesto.

El tono de estas reuniones suele ser más informal y distendido que la relación normal dentro de la empresa, aunque manteniendo, como es normal, el debido respeto tanto personal como jerárquico.

Si debe asistir a este tipo de reuniones, estudie con antelación el orden del día. Tómese su tiempo y anote todas y cada una de sus aportaciones.

El escenario de estas sesiones suele ser la sala de juntas alrededor de una amplia mesa.

Normalmente el que preside la sesión empieza hablando de pie al realizar la presentación y, tras ceder la palabra, toma asiento.

Las intervenciones y exposiciones deben hacerse sentado, pero si precisa resaltar o llamar la atención sobre una idea en especial (recuerde, UNA IDEA COMO MÁXIMO), póngase de pie y hable.

Si existe alguna idea que usted considere crucial para los demás, póngala por escrito y fotocópiela para repartirla en el momento que tenga que intervenir, nunca antes.

No se mueva de su sitio, ni vaya dando vueltas a la mesa.

Al inicio, normalmente el coordinador de la reunión expone el orden del día y pasa a ceder la palabra, a veces sin ningún esquema preestablecido. Poco a poco la reunión se va convirtiendo en debate.

Escuche a los demás sin interrumpirles nunca. Pida la palabra cuando quiera intervenir, sobre todo si es usted "novato" entre los participantes.

Defienda sus ideas pero siempre poniéndose de parte de la empresa. No mezcle nunca razones personales.

Sea muy concreto y no divague.

Cuando hable hágalo para todos. Si tiene que rebatir algún planteamiento, hágalo directamente a la persona aludida estableciendo contactos visuales, aunque deberá alternarlos con los demás. Al hacerlo así, y no concentrar sólo su atención en la otra persona, hará que los demás se pongan de forma inconsciente de su lado.

Cuando hable no lo haga exclusivamente mirando a su jefe o superior, olvidándose de los demás. Dará la impresión de que le interesa sólo la opinión de su jefe y pueden tacharle de "pelota".

Vaya tomando notas de lo que se dice. Atención: he dicho notas, frases, ideas sueltas, NO APUNTES.

Escriba las conclusiones de cada idea que se acuerda en la reunión. Lo correcto es que el encargado de la reunión elabore por escrito las conclusiones a las que se ha llegado en dicha reunión, las fije como objetivos a conseguir y las difunda a los participantes.

Muy importante: durante una reunión nunca critique a otras personas, y mucho menos si están ausentes, por el mal funcionamiento del tema en cuestión.

Si hay algún fallo, aluda al departamento correspondiente, pidiendo o aportando datos por escrito, pero nunca personalice.

No saque nunca a relucir en una reunión enfrentamientos ni diferencias personales.

Por el contrario, si el que dirige la reunión u otro componente alude a algún fallo de su departamento o de usted directamente, encaje con diplomacia el golpe. Escuche. Si no tienen razón aporte datos, y si la tienen admita el fallo y comprométase a aportar soluciones. Acepte el punto de vista de los demás, pero nunca se enfade ni se lo tome de forma personal.

Según el tipo de empresa donde se realice la reunión, usted ya tendrá asignado su asiento. Si no es así, y puede elegir, escoja teniendo en cuenta:

• La zona que esté mejor iluminada.

• Al lado de las personas más afines a su cargo o ideas.

• Frente a las personas opuestas a su departamento o ideas, así cuando tenga que hablar podrá establecer contactos visuales directos.

• Si no le corresponde, no elija el puesto principal, ni demasiado cerca del jefe.

• Procure que a su espalda no haya una puerta. Puede suceder que mientras esté hablando entre alguien y se desvíen las miradas, y por consiguiente la atención hacia sus palabras disminuya.

• Si alguien externo a la reunión interrumpe, deje de hablar hasta que haya abandonado la sala.

• No deberá nunca abandonar una reunión hasta que ésta haya finalizado. Imparta instrucciones para que no le interrumpan. Planifique todo el material necesario para su intervención. El "me falta un documento, voy a buscarlo a mi despacho y enseguida regreso", es una falta de profesionalidad.

• En sucesivas reuniones procure ocupar siempre el mismo lugar.

RECUERDE: una reunión de trabajo deberá estar planificada, ser constructiva, aportar nuevas ideas y empuje al equipo de participantes y nunca debe servir como pretexto para sacar a relucir problemas de tipo personal o resaltar los fallos de los demás.

Reuniones informales

Este tipo de reuniones suelen ser celebraciones, inauguraciones, presentaciones, etc., en las que usted acude como un invitado más y sirven para estrechar lazos entre compañeros y jefes o conocer a nuevas personas.

Aproveche este tipo de reuniones para afianzar amistades o para ampliar su círculo.

Observe los siguientes puntos:

• Acuda con una puntualidad prudencial; aquí me refiero a que no sea el primero, pero tampoco el último.

• Vístase de acuerdo con el tipo de reunión.

• Procure saludar cuanto antes a la persona o personas organizadoras del acto y felicíteles por la iniciativa.

• En algunos casos, y según el tipo de reunión, es aconsejable llevar un regalo para agasajar a la persona organizadora. Cuide tanto el tipo de regalo como el envoltorio, incluya una tarjeta con su nombre y escriba una pequeña nota manuscrita, afectuosa hacia la otra persona. No pretenda que la otra persona lo abra en público.

• Muéstrese alegre, amable y distendido.

• Vaya saludando a las diferentes personas que ya conoce.

• En un pequeño círculo de personas, si hay algún integrante que aún no conoce, preséntese diciendo su nombre y apellidos. También usted puede servir de presentador entre personas que no se conocen entre sí.

• Normalmente, en este tipo de reuniones los asistentes se aglutinan en pequeños grupos. Procure alternar en el máximo de grupos posibles, siempre y cuando dentro del grupo haya algún conocido.

• Procure hablar de temas que no tengan relación directa con el trabajo, (para eso existen otro tipo de reuniones).

• Interésese por los demás y evite hablar demasiado de usted mismo y mucho menos de temas personales delicados o negativos.

• Si se ofrece comida y bebida, participe del ágape pero sin abusar.

• Recuerde que es una reunión informal, no una juerga. Sea comedido y evite excesos.

• Si tiene que ausentarse antes de finalizar la reunión, despídase de sus interlocutores dejando para el final al anfitrión, agradeciéndole su invitación y felicitándole por el éxito de la reunión.

Comidas y cenas de negocios

Cada vez es más frecuente utilizar el tiempo dedicado a la comida o cena a tratar de negocios. Este acto significa además una forma de agasajo o un intento de ampliar la confianza entre los comensales.

Se trata de disfrutar de los placeres gastronómicos mientras se tratan aspectos especiales de trabajo.

Recuerde que esta costumbre tiene importantes variaciones según la nacionalidad de los comensales, por lo que deberá informarse de antemano de las peculiaridades típicas de las otras personas que le han de acompañar en la mesa.

Pueden darse dos casos:

a) Que sea usted el invitado: Un cliente, un jefe o un compañero le propone salir a comer o a cenar.

Lo más seguro es que sea por un acto de amistad, pero también para tratar aspectos o temas de interés para alguna de las dos partes.

Como es usted el invitado, déjese guiar.

A la hora de elegir los platos a degustar, espere que sea la otra persona la que elija primero y luego haga usted su pedido.

No elija nunca el plato más caro de la carta, ni tampoco el más económico.

Procure hablar de la cuestión importante:

- Antes de que sirvan los platos.

- Entre plato y plato.

- Después de los postres.

Durante la comida, evite hablar de temas importantes o delicados y nunca lo haga con la boca llena.

Una fórmula eficaz es la siguiente: coma despacio y masticando con lentitud. Mientras la otra persona mastica, hable usted, sin llevarse ningún bocado a la boca. Cuando vea que la otra persona termina su bocado, empezará a hablar. Entonces coma usted.

Durante la comida, sus frases serán cortas. No se extienda demasiado.

b) Si es usted el que invita: indague los gustos de la otra persona y elija el restaurante que se adapte mejor a las preferencias de su invitado.

Procure que el lugar elegido posea cierta intimidad, que no haya aglomeraciones. Así se favorecerá la conversación.

No intente deslumbrar a su invitado llevándole a un restaurante de cinco tenedores, si él no está acostumbrado. Se sentirá cohibido o intimidado.

No se arriesgue a escoger un restaurante que no conoce. Es conveniente haber visitado previamente el lugar para conocer tanto el ambiente como la calidad de la carta.

Intente reservar mesa con antelación.

Actúe como anfitrión, procurando que su invitado se sienta a gusto.

No utilice una invitación como medio coactivo hacia la otra persona. Si tiene que tratar temas muy serios o conflictivos, hágalo en otro lugar, no en un restaurante.

A la hora de liquidar la cuenta es recomendable hacerlo mediante tarjeta de crédito. Evite repasar los precios y la suma total, ya que dará la imagen de desconfiado o tacaño.

Recuerde que este tipo de actos son recomendables para estrechar lazos, para abrir amistades o como recurso protocolario.

Sobre los pormenores del comportamiento en la mesa le recomiendo la lectura de los muchos manuales existentes en el mercado sobre este tema.

La comunicación verbal indirecta

El auge de la tecnología influye también de forma poderosa en la comunicación y la forma en que ésta llega al público.

Esta tecnología implica un conocimiento previo y diferenciador a la hora de hablar. Cada medio (radio, televisión, etc.) tiene unas características propias que hacen que nuestro mensaje se reciba de forma diferente.

No obstante, hay que destacar que al ser un medio "frío", el público no está con nosotros en su totalidad o en parte y nuestra actuación puede resultar más fría, impersonal y distante.

Cualquier fallo queda registrado y resulta difícil de enmendar.

Y, por último, en estos medios intervienen terceras personas, que manipulan nuestra imagen y nuestro mensaje, ya sea en la forma, en el tiempo o en su contenido.

Estos peligros son fácilmente subsanables si los conoce y trata de preverlos de antemano. Lo peligroso es enfrentarse a ellos sin una preparación previa.

La entrevista en televisión

La televisión es el medio de comunicación de masas por excelencia. Une la imagen y la palabra llegando a millones de personas.

Si le invitan a hablar en televisión debe tener en cuenta lo siguiente:

• Conozca con antelación el tipo de programa en el que va a intervenir. Si no es de su interés, o no tiene el suficiente nivel para asistir, rechace con tacto la invitación. Su imagen vale mucho y por desgracia, hoy en día, los llamados "programas basura" proliferan más de lo que muchos quisiéramos. Puede sentirse tentado a sucumbir, ya que aparecer en televisión es importante; su popularidad puede subir muchos puntos, pero ojo, también puede descender a bajo cero.

Así pues, es conveniente conocer el tipo de programa y hacerse una idea del tipo de audiencia que este programa tiene.

• Si el espacio al que ha sido invitado le interesa, véalo. Estudie al entrevistador. Su estilo. Si es agresivo en las preguntas. Si deja hablar o por el contrario es él el que se luce como estrella con sus observaciones y "gracias".

• Usted puede ser el único invitado o por el contrario participar junto con otras personas a la vez. Intente saber el máximo de ellas para, por lo menos, estar a su altura y calibre las posibles diferencias que puedan existir con respecto a su participación.

• Conozca el terreno donde se va a mover llegando con bastante antelación. Vea el plató. Respire el ambiente y relájese. Es peligroso llegar y ponerse enseguida delante de las cámaras, sobre todo si es la primera vez.

Puede solicitar al responsable del programa el poder asistir con anterioridad como espectador para familiarizarse.

También es importante conocer la estructura del plató. Estará sentado detrás de una mesa o en un sillón. Tendrá que bajar algunas escaleras. El decorado será demasiado informal y tendrá que moverse y desplazarse, así como permanecer de pie durante la entrevista.

Todos estos pormenores son esenciales y deberá aplicar con el máximo esmero todos los puntos que se exponen en el capítulo de este libro referente a imagen personal.

• En lo referente a su indumentaria, sirven todos los puntos citados en el capítulo de imagen personal pero con los siguientes matices:

La imagen televisiva acepta unos colores mejor que otros, por lo cual le recomiendo que no utilice colores demasiado llamativos (en corbatas, pañuelos, vestidos etc.). Los trajes deben ser de color oscuro, evitando los cuadros y las telas llamadas "pata de gallo", así como las camisas a rayas. Este tipo de estampados crean el efecto "moaré", que dan una imagen en pantalla extraña y molesta.

Las camisas de color claro pastel dan una imagen visual buena. Pero atención, las de color blanco "centellean", como si tuviese un aura.

La televisión multiplica cualquier pequeño detalle, mostrándolo como un defecto.

Cuidado con el nudo de la corbata. Puede ser que le coloquen un micro de pinza; pida que lo hagan en la solapa de la americana, no en su preciada corbata. Cuide de que el cuello de la camisa no monte encima de la americana.

Si decide llevar joyas, no abuse. Y las que mejor imagen dan en pantalla son las de oro o imitación.

Para las mujeres, cuidado con los pendientes. ¡Cuántas veces hemos visto a una persona perder uno ante las cámaras!

Los collares pueden "pendular" de forma peligrosa y producir efectos cómicos.

• Tendrá que visitar la sala de maquillaje, donde personal especializado maquillará su rostro. Esto es natural. La iluminación hace que una piel al natural aparezca en pantalla descolorida. Además, el maquillaje se aplica para eliminar brillos. Un consejo: pida que le maquillen también las manos, ya que si no lo hacen su rostro quedará perfecto pero sus manos parecerán las de un cadáver.

• No se mueva demasiado. Recuerde que una cámara le está enfocando, pero el director está cambiando constantemente de plano; con su entrevistador, con el público asistente, con planos generales, etc. Si se "pincha" su plano en el momento que usted se alisa el pelo, se rasca una oreja, o se toca la corbata, ese plano aparece aislado, y lo que ante un público en vivo sería un gesto normal, en televisión quedará totalmente descontextualizado y hasta ridículo.

Imagínese que ha llevado un maletín con documentación y lo ha puesto detrás de la mesa. En un momento de la entrevista, cuando el entrevistador o los otros participantes hacen referencia a un tema cuyos datos tiene usted mejor documentados en sus apuntes y cree que puede intervenir, se agacha para recoger de su maletín la documentación necesaria, pero en ese momento, la luz roja de su cámara se enciende y le enfoca: ¿está usted debajo de la mesa buscando setas?.

• No mire su reloj. Ya le avisarán cuando deba acabar.

• Si le ofrecen algo para beber, pida agua y no beba si verdaderamente no lo necesita.

• No fume.

• No mastique chicle ni caramelos.

• Escuche la pregunta y responda directamente. Con amabilidad, sonriendo, pero sin abrir excesivamente la boca. No se ría abiertamente ni suelte carcajadas.

• Mire a su entrevistador siempre, y sólo cuando quiera enfatizar su opinión, mire directamente a la cámara.

• A no ser que se trate de un programa muy informal, diríjase siempre al entrevistador y a los demás componentes de "usted". Aunque se conozcan hace tiempo.

En este medio el tratamiento de "usted" es vital. El "tuteo" puede dar a entender al espectador que la entrevista está amañada.

• Nunca interrumpa a la persona que le entrevista ni a sus interlocutores. Deje que acaben de hablar y entonces empiece usted.

• Sus respuestas no deben ser demasiado largas. Se harían aburridas. Responda lo justo y de vez en cuando añada un toque simpático. El entrevistador redondeará la pregunta o le hará otra nueva, y de esta manera se gana en agilidad y entretenimiento.

• Evite al máximo enfrentamientos dialécticos si no está acostumbrado. Deje que los demás se pongan en evidencia y manténgase en su sitio, con tranquilidad, naturalidad y relajado.

Si alguien tiene una opinión diferente a la suya, déjele terminar y respóndale, pero no se extienda. Y no replique más de tres veces sobre el mismo tema. Puede crear un diálogo para sordos, aburrido, donde nadie tendrá la razón.

Con estos consejos, puede salir airoso de este reto. A medida que sus intervenciones se repitan, cada vez irá adquiriendo más confianza, pero recuerde:

> **LA TELEVISIÓN ES EL MEDIO MAS PELIGROSO.**
> **CUALQUIER FALLO, POR PEQUEÑO QUE SEA,**
> **PUEDE DAÑAR SU IMAGEN.**
> **LE RECOMIENDO QUE ANTES DE ACEPTAR**
> **UNA INVITACIÓN A ESTE MEDIO,**
> **TENGA OTRAS EXPERIENCIAS DE LAS CITADAS EN ESTE LIBRO.**

La entrevista en radio

A primera vista, este medio es menos complicado que el anterior, ya que no hay información visual. Todo lo dicho anteriormente también se puede aplicar a la radio. Lo que cuenta en las ondas radiofónicas es su voz.

- Hable sin prisas pero sin pausas.
- Deje terminar a su interlocutor antes de empezar usted.
- Vocalice y entone adecuadamente.
- Sonría y sea amable.

El teléfono

Es un medio de uso cotidiano pero que la mayoría de las personas no lo saben lo utilizar correctamente.

Como medio de comunicación y ventas es eficaz, rápido y económico, pero el abuso y la falta de conocimiento de las reglas básicas pueden también dar resultados desastrosos.

El teléfono es capaz de transmitir mucho más que nuestras palabras. La persona que está al otro lado del hilo telefónico también percibe nuestro estado de ánimo, ciertas muecas, gestos y actitudes.

Cuide al máximo sus expresiones, su postura y sus gestos, ya que aunque le parezca imposible estos mensajes viajan junto con sus palabras a través del hilo telefónico.

A continuación se exponen los puntos clave para una correcta comunicación telefónica.

• Descuelgue cuanto antes. Dejar sonar muchas veces el teléfono molesta al que llama.

• El tono de su voz y sus palabras crean en el receptor una imagen mental de su persona o de su empresa. No coma, beba ni fume durante la conversación.

• Sonría. Una sonrisa tenue pero alegre. Parece mentira pero se trasmite a través de la línea telefónica.

Muchas empresas de telemarketing utilizan un espejo en cada una de sus cabinas de llamadas para que la persona que realiza las llamadas observe constantemente su propio rostro. Mirarse en un espejo hace mejorar la expresión facial (en el fondo estamos viendo a nuestro mejor amigo).

• Antes de realizar una llamada concrete lo que quiere decir. Tiene que ser más breve y conciso de lo normal. "NO SE ENROLLE" POR TELÉFONO.

• Si tiene que dar datos, números o textos, lo mejor es enviar primero un fax. Dar tiempo a que el interlocutor lo reciba y entonces constatar con la copia delante los datos complicados.

• No deje colgado al interlocutor al teléfono. Si se ve obligado a ello, primero pida que le disculpe unos instantes, interrumpa la comunicación menos de un minuto y al reiniciarla vuelva a pedir disculpas por la interrupción.

Más de una vez he llamado a empresas y ha sucedido lo siguiente: descuelga la telefonista y sin dejarme hablar dice: "un momento, por favor" y me deja escuchando una "musiquilla" espantosa. Al cabo de algunos minutos (a veces demasiados) me responde: "Sí, ¿dígame?". Y más de una vez (sobre todo si se trata de proveedores) suelo responder con energía pero con educación: " Por favor, yo soy el que pago la llamada; si no me puede atender, no descuelgue el teléfono. Para escuchar música, seleccionaré yo el momento". Sé que es duro, pero lo considero una falta terrible de educación. Por favor, asegúrese de que esto no le sucede en sus conversaciones telefónicas.

• Escuche a su interlocutor. No le interrumpa NUNCA.

- No grite nunca. Si hay interferencias, hágaselo saber a la otra persona. Interrumpa la comunicación y vuelva a llamar.

- Si no se trata de una alta personalidad, al principio llámele por su nombre y primer apellido.

- Si es usted el que llama identifíquese siempre: "Buenos días (o tardes), soy Javier González y quería hablar con el señor TAL..."

Atención: la frase "buenos días" (o tardes) utilícela con propiedad. No cometa fallos. Estoy cansado de aquellas personas que me saludan con un "Buenos días" a las 6 de la tarde o al revés. Denota despiste y poca organización. Es una manera ideal de empezar mal una conversación.

- Cuando tenga que establecer una comunicación telefónica procure que no le interrumpan. Anúncielo a las personas que le rodean.

- No golpee el teléfono. Si tiene que tapar el micrófono con la mano, hágalo con mucha suavidad porque de lo contrario se nota.

El contestador automático

Este aparato es una prolongación del teléfono. Su empleo es cómodo y sencillo, pero por utilizar la palabra como medio de comunicación también posee unas características propias a menudo mal entendidas.

Tanto el mensaje que se graba en una cinta como el mensaje que se emite deben de cuidarse al máximo, ya que ambos pueden reflejar tanto las virtudes como los defectos de los interlocutores.

El mensaje grabado en cinta debe ser serio, claro y escueto.

Olvídese de los chistes graciosos, de las largas parrafadas (el que llama quiere dejar su mensaje y encima está pagando la llamada) y de los efectos sonoros especiales (a no ser que su especialidad sea precisamente ésa).

Tiene la misma importancia la cinta grabada de un contestador automático de empresa como la particular. Piense que si su cinta de empresa es seria y un cliente, por casualidad le llama a su domicilio y le contesta la voz de su hijita de 6 años, seguida de un chiste y además ladra el perro, su imagen de seriedad se habrá ido por los suelos.

Cada cual es libre de hacer lo que crea conveniente, pero más de una vez he llamado a algún número conocido y he recibido mensajes como éstos:

"Al habla el mayordomo de la mansión de los Sres. Pascual. Los Señores están en la Ópera. Dejen su mensaje y..."

(Es gracioso, pero para los amigos íntimos).

O este otro:

Voz de niña: "¡Hola! soy Paquita, la hija de Francisco y María, mis papis no están en casa, esto es un contestador automático, pueden hablar después de escuchar el "pipí", adiós. Je, Je, (risas y ruidos de fondo)". Nuestros hijos son los mejores, pero esto no es un juego.

Y otras perlas como el mismo mensaje grabado en seis idiomas (aunque su autor sólo hablaba bien uno, pero era aficionado a las traducciones); o cuando escuchamos una banda sonora de película de aventuras y una voz nos dice que el señor está en una misión peligrosa en un país exótico...

...Y en el ámbito de empresa también hay aficionados a la publicidad que aprovechan para colar en el mensaje las excelencias de sus productos y servicios.

En definitiva, tratar el contestador automático como un juguete divertido y chistoso sólo puede acarrear problemas.

Para grabar un mensaje en su contestador escriba primero un guión. Escueto, claro y conciso. Y piense que ese mensaje no sólo lo pueden escuchar sus amigos y familiares, porque supongo que el número de su teléfono, un día u otro también lo conocerán otras personas a las cuales nunca le hubiese gustado dirigirse en un tono tan familiar.

Tiene un tiempo limitado, por lo tanto cronometre el tiempo hablando despacio y vocalice adecuadamente. Module su voz. No chille y sonría.

Es posible que la calidad de la grabación no sea buena debido a las características del aparato. Escuche el resultado hasta que sea aceptable.

Cuando tenga que dejar el mensaje en un contestador ajeno, sea también breve y conciso.

Muchas personas se ponen nerviosas al tener que hablar con un aparato. Esto es debido sólo a la falta de costumbre.

Puedo asegurarle que he recibido en mi contestador verdaderas perlas.

Como estos mensajes quedan registrados, los pueden oír personas ajenas a las que iba dirigido; así, sea ante todo prudente. Cuidado con las indiscreciones.

El esquema es muy simple: cuando escuche la señal diga su nombre, apellidos y en su caso, el nombre de su empresa. Diga a continuación el nombre y apellidos de la persona con la que desea hablar. Deje su número de teléfono y despídase. Todo ello en un tono amable y decidido.

Algunas veces deberá comunicar más datos, (por ejemplo, número de tarjeta de crédito, dirección, población etc., si se trata de compras). Tenga pues todos esos datos a mano y no se prolongue demasiado.

Imagine por un instante que está trabajando y desea hablar por teléfono con otra empresa, llama y responde el contestador. Usted esperaba hablar con su interlocutor y no está preparado para condensar el mensaje. "Se enrolla", "se atasca", etc.

En estos casos, en el momento que detecte que va a comunicarse con un contestador automático, cuelgue el teléfono (su llamada no queda registrada si no ha sonado la señal). Piense exactamente el mensaje a emitir. Apunte los datos en un papel y vuelva a llamar.

Esto es siempre mejor que dejar grabado un mensaje desordenado e improvisado.

Y la última observación: muchas veces se conecta el contestador para no ser molestado o porque se llama fuera del horario oficial de trabajo, pero eso no quiere decir que no haya nadie escuchando al otro lado de la línea.

Una terrible anécdota real: Un marido llega a su hogar y su esposa aún no ha regresado del trabajo porque tiene que terminar un asunto urgente. El marido decide llamar a su esposa al trabajo y se conecta el contestador, ya que la empresa está fuera del horario habitual. El marido sabe no obstante que su pareja recibirá el mensaje y le llamará enseguida y dice: "Cariño, la cena que estaba en la nevera se ha podrido, así que tendremos que salir a comer algo. ¡Ah!, en la lavandería se han vuelto a equivocar y han mandado unos calzoncillos de esos tan pequeños, de color rojo, tan ridículos pero que tú dices que te gustan. Bueno, llámame. Un beso. Adiós".

La mujer estaba alejada del teléfono, con un cliente, ayudándole a desembalar un delicado muestrario. Sin comentarios.

El magnetófono

Aunque no es un medio de comunicación normal, sí es un aparato capaz de registrar sus palabras.

Es ideal como recurso para su aprendizaje; no obstante, hago referencia a este medio aplicado a un caso muy particular: que sea utilizado por algún asistente, en algunas de sus intervenciones ante el público.

Personalmente, hasta la fecha, cuando doy una conferencia o cursillo ruego que no se utilicen magnetófonos. ¿Por qué? Pues sencillamente porque mi discurso está enfocado al público asistente.

Mis palabras están acompañadas de mis gestos, de ejemplos en la pizarra y de diapositivas, y muchas veces el público puede intervenir para preguntar.

Si toda esta acción se descontextualiza y se oye después en una grabación puede no ser todo lo satisfactoria que se desea.

Pueden escuchar otras personas ajenas a la conferencia y no entender exactamente el sentido de las palabras lo que puede dañar seriamente el contenido de nuestro mensaje.

Lo normal es que la persona portadora del magnetófono aduzca que de esta forma, en su casa, podrá tomar apuntes. Con mucha delicadeza pero con energía le invito a que tome los apuntes directamente.

Puede darse el caso de que su intervención sea grabada para medios de comunicación. Entonces deberá replantearse la estructura y la forma de su conferencia y hacerla como si fuese para la radio. Con menos lenguaje corporal, con menos o nulos ejemplos gráficos y cuidando mucho más el tono de voz y las intervenciones del público.

El interfono y el videoportero

Éstos son los dos últimos aparatos a través de los que usted podrá hablar, pero la tecnología avanza tan rápido que quizás cuando este libro llegue a sus manos ya haya en el mercado otro invento para comunicarnos, con sus peculiaridades, con sus ventajas pero también con sus peligros. ¡Qué se le va a hacer!

Pero volvamos el tema. Tanto el interfono como su hermano más joven y perfeccionado, el vídeo-interfono son artilugios a los que nos enfrentamos a diario y tampoco les prestamos la atención suficiente. Tienen como misión controlar el acceso de las personas a un edificio de despachos, empresas o viviendas.

Su utilización es muy sencilla, pero conviene conocer sus características especiales.

El interfono es ese aparato que se encuentra en las entradas de calle de las viviendas y empresas. Normalmente, en el exterior hay ruido de tráfico.

Pulsamos el botón y nos responden. Sin darnos cuenta, y debido al ruido existente, nos pegamos literalmente al altavoz y hablamos chillando. Nosotros puede que no oigamos bien pero la otra persona, en recepción, lo hace perfectamente.

La forma correcta de actuar es: pulsar el botón y mantenerse a una distancia normal del micrófono, unos 40 centímetros, esperando respuesta. Aunque no entendamos perfectamente lo que dice la otra persona (normalmente "Sí, ¿quién es?"), sin acercarnos más, responderemos con voz segura, tono medio y mirando al interfono: "Buenos días, soy Javier Santos de Fibrosan y quiero hablar con el Sr. TAL, ¿me puede abrir, por favor? Gracias".

Atención; antes deberá localizar el pomo de apertura de la puerta. Estos mecanismos no son a veces perfectos y se desajustan con mucha frecuencia. Si cuando la otra persona pulsa el botón de apertura tardamos un poco en empujar la puerta, ésta no se abre. Entonces tiene que volver a llamar. Es un fallo mecánico, pero que puede solucionarse averiguando con antelación cuál es exactamente la forma de acceso. Eche un vistazo antes de llamar e indague la manera correcta de acceso.

Por fallos de diseño, algunas puertas se abren al revés. Normalmente hay un cartelito adherido encima del pomo que indica; "empujar" o "tirar", pero que nunca vemos. He observado a personas pelearse a empujones con la parte de una puerta que está fija y que es precisamente la que no se abre. Una vez dentro, no es preciso que se vuelva al interfono y grite "¡Bien, gracias!".

El vídeo-interfono o videoportero reúne las mismas características que el interfono pero con un pequeño objetivo que transmite también nuestra imagen a la persona del interior. Estos aparatos, por ser más sofisticados, suelen en principio, funcionar mejor.

Antes de llamar fíjese si el aparato es un interfono normal o un videoportero; lo distinguirá por un pequeño objetivo en la parte superior y, a veces, una pantalla blanca que sirve para iluminar su imagen.

En este caso, cuidado con los gestos, ponerse bien la corbata, alisarse el cabello, etc., la recepcionista y quizás otras personas le estarán viendo en el monitor de recepción.

Ejercicio:

Grabe en vídeo con antelación uno de los programas de TV al que le han invitado. Estúdielo.

Instale la cámara de vídeo en una posición similar de encuadre y altura a la del programa de referencia.

Imite el contexto; silla; silla con mesa; sillón.

Estudie el estilo del entrevistador.

Redacte un guión con preguntas que le gustaría que le hiciesen y respóndalas ante la cámara de vídeo.

Revise después la grabación y corrija los defectos.

Haga un guión de preguntas y respóndalas ante un magnetófono. Analice después su entonación y su mensaje.

Atención: Es muy posible que no le guste su voz al escucharse. Tranquilo. Si bien la calidad de la grabadora falsea un poco su voz, también es cierto que la mayoría de nosotros desconocemos las caraterísticas y tono propios de nuestra voz. Acostúmbrese a oírse. Los demás ya le conocen por su voz, es usted el que no está acostumbrado.

Últimos consejos

Llegando casi al final de este libro, observo que aún quedan en el tintero muchas ideas y consejos importantes. Pues bien, ahí van.

Son ideas y situaciones obvias y cotidianas, pero que demasiadas veces pasamos por alto, en detrimento de nuestro poder de comunicación e imagen personal.

• Problemas leves de garganta

Estos problemas surgen por cambios climáticos, aire acondicionado, tabaco, estados nerviosos, etc., y pueden aparecer en medio de su intervención.

Si tiene que toser levemente para aclararse la voz apártese del micrófono girando la cabeza y ponga una mano ante su boca, tosa levemente, discúlpese y continúe.

Nunca tosa ni carraspee delante de un micrófono.

Si es propenso a este tipo de afecciones le recomiendo que acuda a una farmacia y explique el problema. Existen en el mercado pastillas que le solucionarán el problema. Llévelas en el bolsillo y utilícelas con disimulo cuando note esas molestias.

No coma, mastique, saboree, chupe caramelos ni chicle de menta. Estéticamente es horrible además de entrecortar sus palabras.

Deje la pastilla, que suele ser de tamaño reducido, debajo de la lengua y ésta hará su efecto.

• Problemas y detalles de estética e higiene

La boca es el órgano emisor de nuestras palabras y también puede tener sus problemas estéticos y de higiene; dentadura poco brillante, mal aliento (a veces en índices críticos, HALITOSIS), problemas salivares que se deposita en la comisura de los labios,... etc.

...Si son síntomas crónicos, visite a su médico. Si son problemas circunstanciales (comida copiosa, bebida en exceso, olvido del cepillo dental, etc.) lleve en su maletín uno de los muchos productos de enjuague bucal o esprais contra el mal aliento. Utilice el pañuelo para limpiarse las comisuras, nunca lo haga con la mano. Es un principio estético pero también de higiene.

Tanto la caspa como el exceso de grasa en el cabello es un problema capilar leve, pero un problema estético grave. Existen medicamentos y champús que solucionarán o aliviarán el problema.

El olor corporal excesivo, y sobre todo los zapatos y calcetines de mala calidad, pueden crear "un aura" negativa a su alrededor. ¡Cuidado!

La mejor solución a todo este tipo de problemas es dejarse aconsejar por un amigo/a o la pareja. Conocen a fondo nuestros pequeños defectos y nos advierten constantemente y en el momento oportuno cuando surgen estos pequeños pero molestos problemas.

El público suele prestar más atención a estos detalles que al contenido de sus palabras. Téngalo siempre en cuenta.

• Gafas de sol

Cuando tenga que hablar con otra persona o ante un auditorio, no se oculte nunca tras unas gafas oscuras, aunque se encuentre en el exterior, en pleno mes de agosto a las doce del mediodía.

Dirigirse a otra persona con las gafas de sol puestas supone establecer una barrera en la comunicación, ya que elimina el contacto visual, tan importante para establecer un ambiente de confianza.

La única excepción a esta regla que yo conozca es sufrir una fuerte irritación o enfermedad ocular, en cuyo caso, y por una cuestión de estética, se recomienda el uso de gafas oscuras.

• Lluvia torrencial

Al salir hacia una entrevista o conferencia, empieza a llover de una manera considerable:

CASO A: ha sido previsor y lleva paraguas y/o gabardina. En el portal o en el umbral, cierre y sacuda la lluvia de su paraguas y quítese la gabardina. Si se presenta ante los demás empapado no hará más que despertar lástima, además de dejar un rastro de agua en su recorrido.

CASO B: se pone a llover de forma inesperada. Si viaja en coche, lleve siempre en su maletero un paraguas o un impermeable de plástico. Es una norma práctica que puede salvar su presencia en el trayecto que va desde el aparcamiento hasta el lugar de la cita.

Si viaja a pie, elija un medio de transporte público que le deje lo más cerca posible de su lugar de encuentro.

En cualquier caso, procure limpiar su calzado en la entrada y dejar el paraguas y su gabardina en un lugar adecuado. Pregunte en recepción.

• El pañuelo

Es un elemento de urgencia que puede sacarnos de muchas situaciones comprometidas.

Vaya siempre provisto de un pañuelo blanco y limpio en el bolsillo. Puede que nunca lo tenga que utilizar, pero si llega la ocasión, agradecerá este consejo.

Si se siente ligeramente constipado, con lagrimeo y goteo de nariz, utilice pañuelos de papel. Intente usarlos con discreción y nunca de cara al público. Simplemente ladéese y utilice el pañuelo. Al volverse de nuevo hacia el público, excúsese.

Nunca tire los pañuelos de papel usados al suelo, ni los deje sobre la mesa. Utilice la papelera o guárdelos en el bolsillo.

• El portafolios y los elementos de escritura

Tanto la calidad del maletín o la carpeta como el papel donde tomará notas o los elementos de escritura (lápiz, bolígrafo, rotulador o pluma) tienen importancia a la hora de ser evaluado por los demás.

Un portafolios o carpeta de buena calidad y en buen estado de conservación, papel o un bloc de notas limpio y ordenado, una agenda (eso que nos regalan por Navidad y que muchas veces no usamos) y los accesorios necesarios para escribir, reflejan preparación y profesionalidad.

Usted perderá muchos tantos si:

• Al llegar a una entrevista con un cliente, tiene que pedirle prestado papel y bolígrafo para tomar nota de lo que le está diciendo. No iba lo suficientemente preparado para la entrevista.

• Maletines desgastados o carpetas con pegatinas de su club de fútbol preferido.

• Tomar nota en cualquier papel ya utilizado.

Un truco con respecto a la agenda: vamos a suponer que atraviesa un mal momento y no tiene trabajo.

Está ante un posible cliente importante y éste le vuelve a citar para otro día. A usted le interesa. Antes de aceptar a la primera, "CONSULTE SU AGENDA". En ésta, deberá haber apuntado notas y citas imaginarias. Repita el día y hora en que el cliente pretende concertar la cita. Dude unos segundos. Diga que tenía ya el día comprometido, pero que hará lo posible por atender su cita con preferencia. Tache "la otra cita" y anote la nueva.

Todo esto debe hacerse con naturalidad y sin mostrar el contenido de la agenda.

Por desgracia, el trabajo no abunda, pero nunca debe dar a entender que está en el paro absoluto. Tiene también otras posibilidades de trabajo y otras expectativas. Dé a entender que busca trabajo y está ocupado en ello. Si muestra lo contrario y se pone directamente a disposición de la otra persona, ésta puede aprovecharse de la situación y le será muy difícil poder negociar con ventaja las futuras condiciones.

Lamentablemente hay personas que intentan aprovecharse de los que no tienen trabajo, captar toda su atención y después exigir el precio más bajo.

Éste es un recurso que puede ayudarle, dándole seguridad en momentos difíciles, pero no abuse y hágalo con naturalidad.

Es una "mentirijilla con buena intención".

• Los apuntes

Si cree necesario dar a sus oyentes apuntes o información escrita sobre su discurso, éstos lo valorarán muy positivamente y aumentará de forma considerable su imagen y prestigio profesional.

Recuerde que proporcionar apuntes, resúmenes o datos le permitirá ser más ágil, dinámico y expresivo en sus comparecencias. Evitará que el oyente vaya apuntando en una libreta y mantendrá la atención en su discurso.

Pero, ¡atención!: revise con meticulosidad extrema el contenido, la sintaxis y la ortografía de sus apuntes. Intente darles un toque profesional editándolos con un procesador de textos informático y utilice un buen papel. Después puede hacer buenas fotocopias.

Olvídese de manuscritos, de máquinas de escribir anticuadas o de fotocopias de baja calidad.

• Dinero de emergencia

Cuando tenga que acudir a una entrevista de negocios o a una conferencia reserve una pequeña cantidad de dinero para gastos imprevistos.

Unas cuantas monedas pueden permitirle llamar por teléfono ante cualquier adversidad.

Una cantidad de dinero superior puede permitirle coger un taxi en caso de retraso, o pagar una consumición no prevista, o aceptar la compra de algún artículo promocional cuya adquisición puede ser una atención hacia las personas visitadas.

En casos excepcionales, puede improvisarse un almuerzo de negocios. Lo normal es que sea usted el invitado y no tenga que pagar, pero le recomiendo que lleve siempre consigo su tarjeta de crédito por si acaso.

• Conducta sexual

La máxima es: no mezclar el sexo con los negocios.

Le parecerá una propuesta obvia y fuera de lugar, pero le aseguro, querido lector, que más de una vez alguna persona le sorprenderá por sus alusiones directas o indirectas al tema sexual.

No voy a entrar en detalles delicados, pero cuidado con las siguientes situaciones:

- Chistes, comentarios o alusiones de carácter sexual.
- Insinuaciones provocativas.
- Acoso sexual (denunciable ante la ley).
- Después de una entrevista, le proponen ir a cenar y después asistir a un espectáculo de tipo erótico.
- Durante una entrevista, por "accidente", aparece cierto material o imágenes de tipo sexual.

En cualquiera de estos casos, sin distinción de sexo, deberá mantenerse al margen y rehuir la situación, pues la mayoría de las veces es una trampa que a corto plazo puede acarrearle resultados desastrosos. Además es un problema grave de educación.

Muchas personas alardean de sus proezas sexuales o hacen alusiones al tema enmedio de una conversación, en un intento de obtener más confianza de su interlocutor.

Repito, manténgase al margen.

Si se trata de una invitación, aduzca cualquier motivo para no aceptarla y hágalo con amabilidad pero con firmeza y seriedad.

Si se trata de acoso sexual, deje clara su postura desde un principio, y si ésta continúa, presente una denuncia ante la autoridad competente.

• Sus memorias

Tanto en una conversación normal como en un discurso, evite al máximo las referencias personales.

La gente que "nos explica su vida", sus memorias de la "mili" o sus aventuras en cualquier situación suelen ser personas que sólo se escuchan a sí mismas. Hechos y anécdotas que para usted pueden tener gran importancia suelen resultar un verdadero suplicio para los que le están escuchando.

Cuando tenga que hacer referencia a alguna de sus vivencias personales lo hará porque el dato o el ejemplo es verdaderamente importante e ilustrativo. Evite hablar demasiado de usted mismo. No cuente "batallitas" si quiere mantener la atención de sus oyentes.

• Sus aficiones o su ideología

Si es usted un profesional deberá evitar hacer referencia a sus aficiones, ideología política o preferencias deportivas ante un público al que desconoce.

El simple hecho de hacer referencia a alguno de los puntos anteriores puede despertar la antipatía de las personas que no comparten su opinión.

Si nuestro discurso trata sobre el medio ambiente, cualquier referencia a nuestra pasión por un determinado equipo de fútbol, la militancia en un partido determinado, o una insignia o pin que revele nuestra afición, puede desvirtuar nuestras palabras y crear posiciones opuestas en nuestros oyentes.

Reserve su vida personal para su círculo íntimo de amigos o familiar. Se ahorrará muchos problemas.

• Visitas a otros países

Es posible que tenga que realizar su labor en algún país cuyos usos y costumbres sean diferentes a los que está acostumbrado.

Estudie y documéntese sobre las peculiaridades generales del país que ha de visitar. No en todo el mundo el saludo consiste en estrechar la mano; a veces el acto de saludar consiste en un abrazo y un beso en cada mejilla, o en una ligera inclinación del torso.

En América del Norte, las distancias personales suelen ser mayores y los contactos físicos son menos frecuentes que en cualquier país mediterráneo. Y así infinidad de detalles, tantos como culturas.

No se trata de que se sumerja y adopte una cultura que no es la suya, pero sí que se informe de los usos y costumbres esenciales, tratando de evitar todos aquellos detalles que puedan ofender o resultar extraños a los oyentes de otras culturas.

• Entrevistas con personas de diferente idioma

En alguna ocasión tendrá que entrevistarse con otra persona cuyo idioma desconoce. Normalmente el idioma inglés es el lazo común para la comunicación, pero supongamos que alguna de las dos partes no domina con fluidez el citado idioma.

Es un caso extremo que dificultará la comunicación pero que debe solventar poniendo de su parte todos los recursos posibles.

Le aconsejo lo siguiente:

a) Intente localizar a otra persona que sirva de intérprete. Preferiblemente, elija una persona de su misma empresa, ya que aunque no domine a la perfección el idioma de su anfitrión sí conocerá los aspectos generales y el contexto al que usted se referirá.

Si dentro de su empresa no hay ninguna persona capaz de desarrollar esta tarea y le interesa la entrevista, contrate los servicios externos de traducción.

En cualquier caso:

b) Sea muy escueto y prepare todo el material gráfico que deba mostrar a su interlocutor.

c) Hable despacio y muestre el producto o el material a la otra persona.

d) No intente hablar con gestos ni con señas. Parecerá un mimo.

e) Propóngale una comunicación posterior por escrito. Escriba sus ideas, propuestas y conclusiones, mándelas traducir y envíelas por correo o fax.

f) Averigüe el saludo y la despedida en el idioma de la otra persona. Es un detalle de cortesía que su interlocutor agradecerá.

Resumen final

Llegados a este punto, habrá comprendido que hablar en público es simplemente cuestión de práctica y técnica.

Muchos de los conceptos citados, con toda seguridad ya los conocía y espero que algunos le hayan resultado nuevos.

Le recuerdo lo mencionado al inicio de este libro:

> **El éxito sólo se alcanza con trabajo y trabajo.**
> **Con tiempo y experiencia.**
> **Sabiendo rectificar cada día nuestros errores.**

Ahora le toca a usted. ¡Adelante! Realice los ejercicios las veces que crea necesario hasta que esté satisfecho. Seguro que en menos tiempo del que cree habrá realizado grandes avances.

Para finalizar, se incluyen una serie de esquemas que son un resumen de todo lo expuesto a lo largo de este libro.

Son pautas de conducta que le servirán para mejorar su comportamiento y le darán seguridad.

Le recomiendo que los copie en una hoja pequeña de papel y los lleve consigo. Léalos y adáptelos a su propio esquema mental.

Muchos de ellos le serán de gran utilidad a la hora de realizar una charla o cuando tenga que elaborar el guión de su próximo discurso.

Sea natural

Sea sincero

Sea directo

Sea breve

Sea educado

Antes de hablar...

- *Elaborar un guión.*
- *Ensayar en casa.*
- *Previsión de incidentes.*
- *Puntualidad.*

Hablando...

- *Sonrisa + simpatía.*
- *Amabilidad.*
- *Brevedad.*
- *Educación y discreción.*
- *Cuidar los gestos, las palabras y su presencia.*
- *Escuchar.*

El lenguaje

- *Elimine las palabras malsonantes, exabruptos y latiguillos.*
- *Incorpore nuevos vocablos y expresiones.*

El tiempo

- *Sea puntual*
- *Sea previsor*
- *Aprenda a dosificar su tiempo*
- *Respete el tiempo de los demás*
- *Cómprese un reloj y un despertador fiables*

Querido Lector:

Estás atrapado.
Si este libro ha llegado al
fondo de tu mente y de tu corazón,
a partir de mañana empezarás
a ser mejor.
Éste era

EL GRAN SECRETO.

Glub,
el del cuento.

Carta abierta

Distinguido Lector:

Mi intención principal, a la hora de escribir este libro, ha sido la de transmitir mis conocimientos y experiencias para que puedan serle de utilidad.

Es posible que muchos temas y matices hayan quedado en el tintero; que haya exposiciones en las que usted no esté de acuerdo, o que tenga alguna duda concreta que debe afrontar en un futuro.

Le invito a que me escriba una carta donde puede criticar los aspectos en los que usted crea que puedo haberme equivocado, o para plantearme esa duda que necesita aclarar. Me comprometo a que en un plazo prudencial de tiempo responderé a su misiva dentro de mis conocimientos y posibilidades.

Quedaré así satisfecho de haber cumplido al máximo con mi misión: ayudarle a expresarse mejor por medio de la palabra.

Reciba mi más cordial saludo.

Manuel Couto

SU CARTA DEBE DIRIGIRLA A:
EDICIONES GESTIÓN 2000
A LA ATENCIÓN DE MANUEL COUTO
c/ Comte Borrell, 241
08029 Barcelona

utor: *Jaime Lladó - Antonio Valls*

Formato: 16x23 **Páginas:** 168 **ISBN:** 848088181X

Desde los 20 hasta los 60 años, desde un buen empleo o desde el paro, es posible diseñar y aplicar con eficacia, su propia **Estrategia Personal y Profesional (EPP).**

Este libro va dirigido a aquellas personas con sana ambición, que no se resignan a llevar una vida de trabajo –o de paro– poco gratificante y enriquecedora. Y, porque ambicionan todo esto, quieren saber la forma de conseguirlo y cómo actuar en consecuencia.

Pensado para un amplio espectro de personas (empleados, cuadros, directivos y profesionales), proporciona las respuestas necesarias para gobernar de manera sistemática y apropiada la trayectoria profesional de las personas que ocupan, o desean ocupar, puestos de trabajo con un grado de responsabilidad profesional de nivel medio-alto y alto en una organización, tanto del sector privado como público.

utor: *Allyn Freeman - Bob Golden*

Formato: 16x23 **Páginas:** 216 **ISBN:** 8480882441

¿Se ha preguntado alguna vez cómo se le había ocurrido a alguien la idea de un determinado producto sin el cual ya no se puede vivir? Productos tan familiares como el Velcro, los pañales desechables, los papelitos de notas Post-it y los filtros de café. Lea este libro y descubrirá que tener una idea millonaria no es tan difícil como parece.

Este libro describe los peculiares orígenes de 50 inventos famosos. Nos habla del ketchup Heinz, las tarjetas Hallmark, los preservativos Trojan, la Vaselina, la navaja suiza, el bolígrafo Bic, los pañales Pampers, el Tampax, la muñeca Barbie y muchos más.

Autor: *Ernie J. Zelinski*   **Formato:** 16x23   **Páginas:** 242   **ISBN:** 8480882069

Este libro puede cambiar su vida para siempre. **EL PLACER DE NO TRABA-JAR** trata de algo más que del disfrute del tiempo de ocio. En él se propone cómo aprender a disfrutar de cada parte de su vida (trabajo, paro, jubilación, ocio):

• Descubrir su pasiones.
• Trabajar mejor, trabajando menos.
• Ser independiente financieramente, ganando menos.
• Eliminar el aburrimiento.
• Perder el miedo al despido.
• Disfrutar y preparar la jubilación.
• Pasarlo mejor con todo lo que se hace.

La vida es corta, ¡disfrútela!

Autor: *Oriol Amat - Ramon Puig*   **Formato:** 16x23   **Páginas:** 180   **ISBN:** 8480881933

El mundo de la empresa suele ser excesivamente aburrrido y monótono, lo cual es una lástima teniendo en cuenta que nos pasamos la mayor parte de nuestra vida trabajando.

Este libro recoge una selección de frases y anécdotas empresariales que le ayudarán a ver el trabajo y los negocios desde una perspectiva más creativa, divertida y relajada.

ÍNDICE: - Presentación
         - Política de empresa
         - Economía
         - Contabilidad y finanzas
         - Aspectos jurídicos
         - Gestión de operaciones y métodos cuantitativos
         - Marketing
         - Recursos Humanos
         - Habilidades directivas
         - Epílogo

utor: *Joan Amat Soler*   **Formato:** 16,5x23 **Páginas:** 130 **ISBN:** 8480881992

La jubilación es una época de la vida a la que, normalmente muchos llegan, pero pocos son los que la preparan a tiempo, posiblemente, porqué, hasta hace poco se pensaba que el estado del bienestar solucionaba el futuro. No solamente es la seguridad económica la que hay que preparar sino también, llegar a retirarse gozando de buena salud y pudiendo disfrutar de las ventajas que el tiempo libre proporciona y de la relación con los amigos.

Prepare a tiempo su jubilación, le ayudará a entender el marco en el que tiene lugar la jubilación, cómo es vista por la sociedad y cómo prepararla. Contiene situaciones y casos típicos, así como consejos prácticos y reflexiones.

Este libro tiene un destino muy amplio. Interesa a las personas que ya están jubiladas, y a las que están próximas a hacerlo, aunque también a las personas mucho más jóvenes, ya que la jubilación debe prepararse con mucho tiempo. Lo más recomendable sería empezar a hacerlo cuando se inicia la actividad laboral.

utor: *Joaquín Selva*   **Formato:** 16,5x23 **Páginas:** 180 **ISBN:** 8480882417

Esta guía le ayudará a planificar los aspectos esenciales de su vida cotidiana en el Reino Unido: Su legislación laboral, su sistema educativo, su estancia como universitario, las prestaciones sociales, etc.

Contiene todas las direcciones necesarias para su idóneo asesoramiento así como multitud de empresas, oficinas de empleo, agencias y entidades donde podrá buscar trabajo y ayuda.

Esta guía, fruto de la experiencia de tantos jóvenes que han trabajado y residido en el Reino Unido, le ayudará a entender las particularidades de un país tan cercano y a la vez tan distinto al nuestro en su sistema laboral, educativo y administrativo, y también a resolver la posibles dificultades que se presenten.